Etapas

Libro del alumno

Etapa 9
Portafolio

Nivel B1.4

© **Editorial Edinumen**, 2011.

© **Equipo Entinema:** Sonia Eusebio Hermira, Anabel de Dios Martín, Beatriz Coca del Bosque, Elena Herrero Sanz, Macarena Sagredo Jerónimo.
Coordinación: Sonia Eusebio Hermira.

© **Autoras de este material:** Anabel de Dios Martín y Sonia Eusebio Hermira.

Coordinación editorial:
Mar Menéndez

Diseño y maquetación:
Carlos Casado y Juanjo López

Diseño de cubierta:
Carlos Casado

Fotografías:
Archivo Edinumen

Impresión:
Gráficas Glodami. Coslada
(Madrid)

Editorial Edinumen
José Celestino Mutis, 4.
28028 Madrid
Teléfono: 91 308 51 42
Fax: 91 319 93 09
e-mail: edinumen@edinumen.es
www.edinumen.es

ISBN: 978-84-9848-188-4   **Dep. Legal:** M-351-2011

Edi numen

Introducción

Etapas es un curso de español cuya característica principal es su distribución **modular** y **flexible**. Basándose en un enfoque orientado a la acción, las unidades didácticas se organizan en torno a un objetivo o tema que dota de contexto a las tareas que en cada una de ellas se proponen.

Los contenidos de **Etapas** están organizados para implementarse en cursos de 20 a 40 horas lectivas según el número de actividades opcionales, actividades extras y material complementario que se desee utilizar en el aula.

 Con **EXTENSIÓN DIGITAL**

Extensión digital de **Etapa 9**: consulta nuestra **ELEteca**, en la que puedes encontrar, con descarga gratuita, materiales que complementan este curso.

 **ELEteca** un espacio en constante actualización

La Extensión digital **para el alumno** contiene los siguientes materiales:

■ Prácticas interactivas

■ Claves y transcripciones del libro de ejercicios

■ Resumen lingüístico-gramatical

La Extensión digital para el **profesor** contiene los siguientes materiales:

■ Libro digital del profesor: introducción, guía del profesor, claves, fichas fotocopiables, transparencias...

■ Fichas de cultura hispanoamericana

■ Resumen lingüístico-gramatical

Recursos del alumno:

Código de acceso

98481884

www.edinumen.es/eleteca

Recursos del profesor:

Código de acceso

Localiza el código de acceso en el
Libro del profesor

Descripción de los iconos ....

 → Actividad de interacción oral.

 → Actividad de reflexión lingüística.

 → Actividad de producción escrita.

 → Comprensión auditiva. El número indica el número de pista.

 → Comprensión lectora.

 → Actividad opcional.

Índice de contenidos

Unidad I

Un *casting*

Tareas:
- Confeccionar el portafolio del español.
- Elegir a los participantes para un concurso de televisión.
- Conocer los gustos televisivos de los compañeros.

Contenidos funcionales:
- Expresar hipótesis y conjeturas.
- Pedir permiso y favores.
- Describir un proceso de selección.

Contenidos lingüísticos:
- Repaso del condicional.
- Verbos y expresiones de hipótesis.
- Uso del presente de indicativo, futuro, presente de subjuntivo para expresar hipótesis.
- La pasiva refleja.

Contenidos léxicos:
- Televisión.
- Aprendizaje de lenguas.

Contenidos culturales:
- El Portafolio Europeo de las Lenguas.
- La relación de los interlocutores en una conversación.
- Los *reality shows*.

I Conocernos y conocer el PEL

I.I. Para conocer a tus compañeros o saber más de ellos, completa la siguiente ficha.

¿Qué sabes de tus compañeros? Escribe la información que tengas:	¿Qué te gustaría saber? Escribe las preguntas que quieres hacer:	¿Sabes lo que es el Portafolio Europeo de las Lenguas (PEL)? ¿Has oído hablar de él?

I.I.I. Cuenta lo que sabes de tus compañeros y hazles las preguntas anteriores.

I.2. Para saber más sobre el PEL, tu profesor te dirá qué tienes que hacer.

I.2.I. Poned en común vuestras hipótesis anteriores.

El Portafolio Europeo de las Lenguas

2 Teleadictos

2.1. Lee las siguientes frases: ¿qué tienen en común? ¿Por qué crees que piden permiso o un favor?

1 ¿Te importa bajar un poco la música?

2 ¿Te importa que cambiemos?

3 ¿Te importaría hacer tú hoy la cena?

4 ¿Te molesta que la ponga?

5 Oye, ¿te importa ir un poco más deprisa?

6 ¿Te importa coger tú el teléfono?

2.1.1. Escucha las conversaciones anteriores completas y comprueba tus respuestas.

2.2. Todas las personas anteriores están "enganchadas" a un programa de televisión. Y tú, ¿tienes algún programa preferido que no puedes perderte? ¿Conoces los que se mencionan en la actividad anterior? Habla con tus compañeros.

2.2.1. Lee los argumentos de las series que se mencionan en 2.1.1. y relaciónalas con sus títulos. ¿Cuál ves o te gustaría ver? Habla con tus compañeros.

1 Operación Triunfo

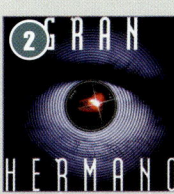
2 Gran Hermano

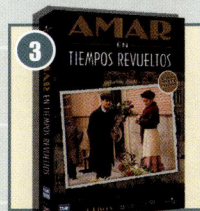
3 Amar en tiempos revueltos

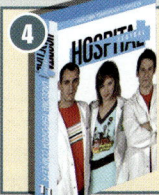
4 Hospital Central

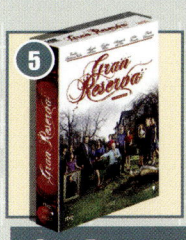
5 Gran Reserva

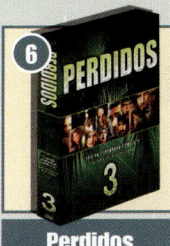
6 Perdidos

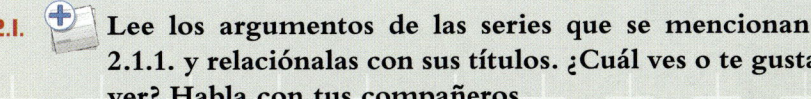
a. Su argumento gira en torno a las vidas personales y profesionales de los trabajadores de un ficticio centro sanitario.

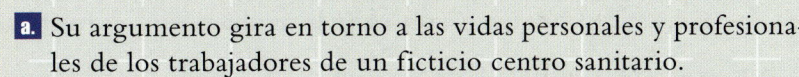
b. Es un concurso en el que los participantes tienen que demostrar sus capacidades como cantantes en una gala en directo. A los tres últimos finalistas se les ofrece una carrera discográfica.

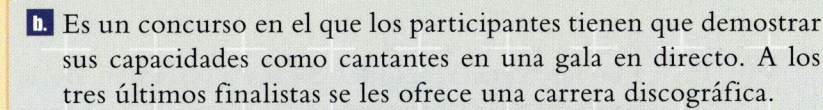
c. Telenovela ambientada en la Guerra Civil española y los primeros años del franquismo.

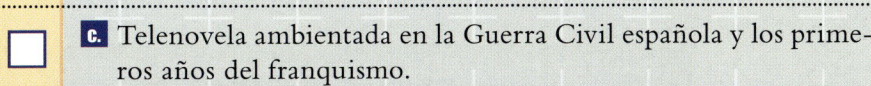
d. La serie trata del enfrentamiento de dos familias dedicadas al mundo del vino: los Cortázar, que consideran el vino como un lucrativo negocio, y los Reverte, para quienes la viña y la tierra son una forma de vida.

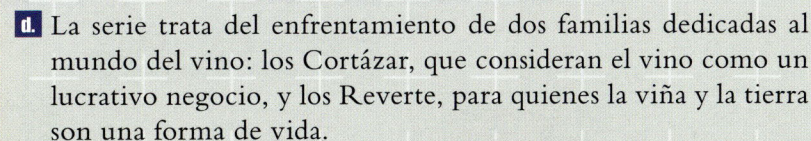
e. Es una serie de televisión estadounidense que narra las aventuras de un grupo de supervivientes a un accidente aéreo ocurrido en una misteriosa isla del océano Pacífico.

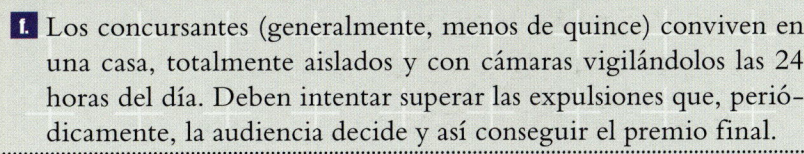
f. Los concursantes (generalmente, menos de quince) conviven en una casa, totalmente aislados y con cámaras vigilándolos las 24 horas del día. Deben intentar superar las expulsiones que, periódicamente, la audiencia decide y así conseguir el premio final.

2.3. [2] Escucha las siguientes conversaciones y completa.

	¿Quiénes hablan?	¿Qué quiere/pide?	¿Por qué?	¿Lo consigue?
Conversación 1	Una pareja			
Conversación 2				

2.3.1. [R] Recuerda las conversaciones anteriores y completa la siguiente explicación. Subraya la opción correcta.

> ▶ **Pedir permiso y favores**
>
> ■ En la conversación 1, se piden (1) **dos/tres** favores.
>   Las estructuras que se han utilizado para pedir los favores son:
>   – (2) *¿Te importa/Te importaría cerrar un momento la ventana?*
>   – (3) *¿Te importaría/Te importa grabármelo?*
>
>   En la segunda frase se ha usado el (4) **condicional/presente**, no porque la situación sea formal, sino porque el favor que se pide puede ser un problema para la otra persona.
>
> ■ En la conversación 2, (5) **se pide permiso/se pide un favor**.
>   Las estructuras que se utilizan son:
>   – *¿Te molesta que +* (6) *infinitivo/subjuntivo?*
>   – *¿Te importa que +* (7) *infinitivo/subjuntivo?*

2.3.2. [2] Vuelve a escuchar la grabación y comprueba tus respuestas anteriores.

2.4. Lee las transcripciones de las audiciones de la actividad 2.1.1., que te va a dar tu profesor, para contestar a las siguientes preguntas.

1. Señala qué están pidiendo en cada conversación: permiso o un favor.

	Permiso	Favor		Permiso	Favor
1	☐	☐	4	☐	☐
2	☐	☐	5	☐	☐
3	☐	☐	6	☐	☐

2. Reflexiona sobre las siguientes cuestiones. Habla con tus compañeros.

[a] En las conversaciones, la expresión *es que* se usa para…

....

[b] Una respuesta negativa puede ser…

....

[c] Una respuesta afirmativa con condiciones puede ser…

....

[d] En la conversación 2, ¿la respuesta es afirmativa o negativa?

....

2.4.I. Escribe cuatro diálogos en los que se pida permiso o un favor y en los que se reflejen las cuatro respuestas analizadas anteriormente.

3 | La *telerrealidad*

3.I. Mira la siguiente frase. ¿Qué significa? ¿Cuándo se utiliza? Habla con la clase.

Un minuto de fama

3.I.I. Julia Belinchón, periodista, está haciendo un estudio sobre el poder de la fama. Según ella, existen cinco formas de hacerse famoso. ¿Conoces a alguien que se ha hecho famoso por alguna de ellas? Habla con la clase.

1. Tener algo de talento (o un buen plan de *marketing*).
2. Contar algún escándalo.
3. Participar en un programa de *telerrealidad* (*reality show*).
4. Confesar un secreto de la infancia.
5. Tener un golpe de suerte.

3.2. Julia Belinchón ha colaborado en el programa *La casa de todos*. Escucha la grabación en la que nos habla del concurso y contesta a las siguientes preguntas.

[1] ¿En qué consiste el programa?

[2] ¿Cuáles pueden ser los motivos por los que los participantes quieren presentarse al concurso? Marca los que Julia menciona.

☐ Conseguir dinero
☐ Encontrar novia/o
☐ Tener un programa televisivo para hacer deporte en casa
☐ Llegar al mundo de la moda a través del concurso
☐ Hacerse famosa/o para dar publicidad a su negocio
☐ Buscar nuevas experiencias y cambiar de vida

3.3. Lee la ficha del participante elegido para *La casa de todos*, que te va a dar tu profesor y, dependiendo de sus características y personalidad, elige el motivo que crees que le llevó a presentarse a este programa.

MOTIVOS

- ☐ Conseguir dinero
- ☐ Encontrar novia/o
- ☐ Tener un programa televisivo para hacer deporte en casa
- ☐ Llegar al mundo de la moda a través del concurso
- ☐ Hacerse famosa/o para dar publicidad a su negocio
- ☐ Buscar nuevas experiencias y cambiar de vida

3.3.1. Explica a tus compañeros el motivo que has elegido para tu personaje y justifica tu decisión. ¿Están de acuerdo contigo?

3.4. ¿Cómo se elige a los concursantes de estos programas? ¿Qué tipo de personas se busca? Lee las siguientes opciones y selecciona, según tu opinión, las respuestas a las anteriores preguntas. Discute con tus compañeros.

Para elegir a los concursantes	Perfiles de los concursantes
[a] Se reciben todas las inscripciones y un grupo de psicólogos elige aquellos que responden al perfil que buscan.	[a] Se seleccionan candidatos extrovertidos, independientes, flexibles y estables emocionalmente.
[b] Se hace un *casting* con las personas interesadas.	[b] Se buscan personas resistentes a la depresión, arriesgadas y con ánimo de vivir nuevas sensaciones.
[c] El equipo del programa responsable convoca a los posibles participantes y se les somete a varias pruebas.	[c] Se eligen personas inestables emocionalmente para asegurarse de que provocarán conflictos. De esta manera la audiencia estará más interesada.

Fíjate:

Se + verbo en tercera persona del singular + sustantivo en singular: *Se hace un* casting.

Se + verbo en tercera persona del plural + sustantivo en plural: *Se reciben todas las inscripciones*.

Esta estructura, muy frecuente cuando se dan instrucciones o se describe un proceso, se usa cuando el sujeto es inespecífico o irrelevante en el momento de la enunciación.

3.4.1. Lee la información que nos manda Lucía sobre las preguntas anteriores y comprueba tus hipótesis.

Para acceder a la primera fase, el interesado deberá llamar a un teléfono, con la única condición de ser mayor de edad. A partir de ahí los responsables de *casting*, entre los que hay un equipo de psicólogos, convocan a los candidatos para someterles a diferentes pruebas.

En el proceso de selección hay dos tipos de pruebas que eliminan a un gran número de candidatos:

1. Prueba en grupo: se analizan la personalidad, los hábitos y aficiones para seleccionar a aquellas personas que, además de tener facilidad para relacionarse, demuestran autonomía y madurez emocional. Por ejemplo: un miembro del equipo plantea situaciones a las que tiene que reaccionar un candidato elegido por el seleccionador de manera aleatoria. Es importante la rapidez en la respuesta.

2. Entrevista personal: se tienen en cuenta las circunstancias personales y actuales de los candidatos y se mide la resistencia a la tensión que pueden producir determinadas situaciones en el concurso.

3.4.2. Vamos a escuchar cómo contestan los candidatos anteriores a la primera prueba. Completa el cuadro.

	Situación	¿Quién contesta?	¿Qué contesta? (completa esta columna con tus palabras)
	1. Estás volando y de repente una turbulencia mueve el avión.	Raúl	
	2. Estás en una reunión y un compañero habla de un trabajo que has hecho tú sin mencionarte, de modo que parece que es suyo.		
	3. Trabajas en el departamento de servicio al cliente y justo ahora tienes a un cliente muy enfadado al teléfono.		
	4. Eres estudiante de la universidad, te han dicho que has sacado un 6[1] en el examen y tú esperabas, al menos, un 9.		

Continúa ▶

[1] En España el sistema de calificaciones más frecuente para los estudiantes es sobre 10: la nota más baja es 0 y la mejor un 10.

	**5.** Eres un vendedor de seguros y estás llamando a posibles clientes. No has tenido suerte con los últimos quince clientes.		
	**6.** Vas en el coche de tu amigo, el conductor de delante ha frenado de repente. Tu amigo está muy enfadado y grita al conductor.		
	**7.** Estás discutiendo con tu socio, pero la discusión va subiendo de tono y él empieza a hacerte ataques personales.		
	**8.** Tienes que coordinar un grupo de trabajo que hasta este momento ha estado trabajando sin buenos resultados.		
	**9.** Recientemente ha sido asignado a tu equipo de trabajo un joven gerente y parece que es incapaz de tomar la decisión más simple.		

3.4.3. [4] **Los candidatos saben que tienen que responder rápidamente, pero tienen miedo de no dar la respuesta adecuada, por eso ninguno es tajante en su respuesta y utilizan recursos para expresar probabilidad. Vuelve a escuchar la grabación y escribe las expresiones o verbos que utilizan los concursantes para expresar probabilidad o hipótesis.**

[1] Puede que...

[2]

[3]

[4]

[5]

[6]

[7]

[8]

[9]

3.4.4. **R** Las expresiones anteriores pueden ir con indicativo, subjuntivo o con ambos modos. Mira la transcripción, que te va a dar tu profesor, y completa. Intenta deducir cuáles pueden ir con los dos.

> **Para expresar probabilidad o hipótesis podemos utilizar:**

a) Solo con indicativo	b) Solo con subjuntivo	c) Con indicativo y subjuntivo
.... *Seguro que*	.... *Es posible que*	*Tal vez* *Quizá(s)* *Posiblemente* ....
— *A lo mejor me enfado un poco al principio.*	— *Es posible que espere a que se tranquilice.*	— *Quizá vaya a hablar con mi profesor para pedirle explicaciones.*

- Algunas gramáticas justifican la elección de indicativo o subjuntivo basándose en el mayor (indicativo) o menor (subjuntivo) grado de posibilidad.

- Se utilizan las dos formas: *quizá* y *quizás* indistintamente, no hay diferencia de significado.

3.4.5. Y tú, ¿qué harías en esas situaciones? Habla con tus compañeros. ¿Quiénes de vosotros seríais buenos candidatos para el concurso?

3.5. **[5]** En la entrevista de la segunda prueba, un psicólogo del equipo de selección hace preguntas en privado a cada uno de los candidatos y toma notas de sus impresiones. Escucha la grabación y escribe con tus palabras las preguntas que se les hicieron.

1. ....
2. ....
3. ....
4. ....
5.

6. ....
7. ....
8. ....
9. ....

3.5.1. **[5]** En el cuadro están las notas que tomó el seleccionador sobre las entrevistas. Fíjate en cómo responden los concursantes y complétalas.

1. Posiblemente _se bloquee y no sepa qué hacer_ (No creo que sea capaz de actuar).
2. Seguro que .... (Es muy abierta).
3. Supongo que sí le .... (Aunque ella dice que no determina sus actos).
4. Seguro que .... (No sabe decir que no).
5. Posiblemente .... más problemas de los que ella piensa.
6. Seguramente le .... bastante. (Aunque él dice que solo un poco).
7. Es probable que no le .... (Aunque él dice que lo intenta).
8. Puede que no .... si necesita algo.
9. Quizás .... bastante. (Aunque ella dice que solo un poco).

3.5.2. Y tus compañeros, ¿cómo responden a las preguntas anteriores? Compruébalo.

4 Tu portafolio

4.1. Vamos a elegir a nuestros concursantes, que serán la mitad del número de candidatos. Seguid los siguientes pasos.

1.º Dividid la clase en dos grupos: equipo del programa y candidatos.

Grupo 1. Equipo del programa	Grupo 2. Candidatos
Para la primera prueba: elaborad siete situaciones a las que vais a someter a los participantes.	Seguid el modelo que habéis visto en la ficha 3 e inventaos un perfil para concursar.
Para la segunda prueba: escribid las nueve preguntas que queréis hacer a los candidatos.	Para preparar vuestra entrevista personal, comentad cuáles serían vuestras respuestas a las situaciones y preguntas de los seleccionadores según vuestro nuevo perfil.

2.º Llevad a cabo la primera prueba: cada seleccionador planteará la situación a uno de los candidatos y este debe responder lo más rápido posible. Haced la actividad en grupo clase.

3.º Haced lo mismo con la segunda prueba.

4.º Individualmente: los candidatos escribiréis una carta en la que justifiquéis por qué creéis que debéis ser elegidos (podéis compararos con los otros concursantes). Los del equipo del programa tendréis que justificar por escrito vuestra selección particular.

5.º Poned en común los candidatos elegidos: los ganadores serán aquellos en los que hayan coincidido los seleccionadores.

4.2. Realiza tu muestra para el dosier del portafolio, que constará de:

[1] **los materiales que has preparado anteriormente, según hayas sido seleccionador o candidato;**

[2] **una hoja en la que cuentes y resumas cómo se ha realizado la tarea;**

[3] **una reflexión de cómo te has sentido, qué te ha parecido, etc.**

Unidad 2

Una boda

Tareas:
- Confeccionar el portafolio del español.
- Colaborar en la redacción de un informe sobre la juventud española.
- Participar en una boda.

Contenidos funcionales:
- Expresar hipótesis y conjeturas.
- Expresar opiniones.
- Narrar relacionando dos momentos en el tiempo.
- Dar información sobre la cantidad de manera imprecisa.

Contenidos lingüísticos:
- Repaso de verbos y expresiones de hipótesis y opinión.
- Pretérito perfecto de subjuntivo.
- Oraciones temporales en presente, pasado y futuro.
- Adjetivos y pronombres indefinidos: *alguien, nadie, nada, ninguno, alguno...*

Contenidos léxicos:
- Etapas de la vida: juventud, madurez, vejez.
- Bodas.

Contenidos culturales:
- Los jóvenes.
- El matrimonio civil y religioso.
- *Bodas de sangre* de Federico García Lorca.

I Ser joven

1.1. ¿Qué es ser joven? Teniendo en cuenta la respuesta que has dado a esta pregunta, mira las imágenes y discute con tus compañeros cuáles de estas personas son jóvenes, según tu opinión.

1.1.1. Lee la siguiente definición de juventud: ¿a qué cuatro responsabilidades crees que se refiere el texto? Discute con tus compañeros.

La juventud se define como el periodo de tiempo que transcurre desde que un individuo abandona su infancia hasta que ingresa en la edad adulta. El ingreso en la edad adulta aparece señalado por la asunción de lo que se llama la cuádruple responsabilidad.

1.1.2. 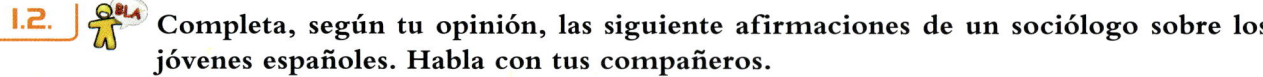 **Lee y comprueba tus hipótesis anteriores. ¿Estás de acuerdo con el texto? Habla con tus compañeros.**

La juventud es, como tantos otros, un concepto construido socialmente y que tiene una realidad histórica concreta. Muchachos de la misma edad serían considerados adultos en distintas sociedades y diferentes tiempos.

Las siguientes son las fronteras sociales en las que una persona deja de ser considerada joven. Se trata de **asumir**:

[1] responsabilidad productiva: tener un nivel ocupacional, laboral o profesional estable;

[2] responsabilidad doméstica: adquirir un domicilio estable y autónomo;

[3] responsabilidad conyugal: aceptar formar parte de una pareja estable;

[4] responsabilidad parental: adquirir el compromiso de crear una familia propia.

1.2. **Completa, según tu opinión, las siguiente afirmaciones de un sociólogo sobre los jóvenes españoles. Habla con tus compañeros.**

[1] **Los jóvenes viven en pisos compartidos porque…**

[2] **La juventud española tarda en independizarse de sus padres porque…**

[3] **Empiezan a trabajar antes, esto es, terminan antes su formación o la abandonan porque…**

[4] **El matrimonio ya no es un requisito tan importante para los jóvenes del nuevo siglo XXI. Se prefiere la convivencia en pareja porque…**

[5] **La convivencia en pareja se inicia a edades más tempranas porque…**

[6] **La juventud es pesimista en cuanto a lo que se puede esperar de la política y de los políticos porque…**

1.3. **Las siguientes preguntas forman parte de una encuesta que se hizo para conocer la realidad de los jóvenes españoles. Léelas y marca cuáles se utilizaron para llegar a las conclusiones anteriores. Pregunta a tu compañero o busca en el diccionario las palabras que no comprendas.**

[1] **¿Con quién vives la mayor parte del año?**
a. Vivo con **alguna**/s persona/s.
b. No vivo con **nadie**.

[2] **Esas personas con las que vives son:**
a. mis padres.
b. otros familiares.
c. amigos/as.
d. compañeros de piso.

[3] **Cuando dejaste de vivir con tus padres, tenías…**
a. menos de 23 años.
b. entre 23 y 30 años.
c. más de 30 años.

[4] **Marca las afirmaciones con las que te identificas, en relación a tener hijos:**
a. No me gustaría tener hijos porque pienso que esto puede suponer **algún** problema para mi vida profesional.
b. No tengo **ningún** problema en aceptar las responsabilidades de tener hijos.
c. Sé que tener hijos puede ocasionar **algunos** problemas y preocupaciones, pero me gustaría tener **alguno**.

[5] **En la actualidad, ¿en cuál de las siguientes situaciones te encuentras?**

a. Solo trabajo.
b. Trabajo y estudio.
c. Solo estudio.
d. Estoy buscando mi primer trabajo.
e. Estoy en paro cobrando desempleo.
f. Estoy en paro sin cobrar desempleo.
g. No hago **nada**.

INEM

[6] **¿Cómo encontraste tu primer trabajo?**

a. Me llamó la empresa.
b. Respondí a un anuncio de trabajo.
c. Me lo buscaron mis padres/mi familia.
d. A través de empresas de trabajo temporal.
e. Por una oferta de empleo del INEM.

[7] **¿Cuál es tu situación emocional?**

a. Ahora no tengo novio/a formal, pero lo/la tuve.
b. Ahora no convivo, pero he convivido con una pareja.
c. Nunca he tenido pareja estable.
d. Estoy casado/a.

[8] **De las siguientes acciones, marca las que expresan tu realidad:**

a. Nunca he colaborado con ningún partido político ni con **ninguna** plataforma de acción ciudadana.
b. **Algunas** veces he firmado alguna campaña de recogida de firmas.
c. De los políticos que hay en la actualidad, no me gusta **ninguno**.
d. Nadie cercano a mí pertenece o colabora con alguna organización o asociación política o social.

[9] **En cuanto a jóvenes y tráfico, señala las hipótesis que pueden relacionarse contigo:**

a. Es posible que alguna vez **haya conducido** después de haber tomado alcohol.
b. No creo que siempre **haya respetado** el límite de velocidad.
c. Puede ser que alguna vez **haya viajado** sin cinturón de seguridad.
d. Es muy probable que en muchas ocasiones **haya hablado** por el móvil mientras conducía.

1.3.1. **R** Vuelve a leer las frases anteriores y completa las siguientes reflexiones lingüísticas.

Cuantificadores

Adjetivos y pronombres indefinidos

A. Adjetivos	B. Pronombres
1. Frases afirmativas: ......*algún*...... + nombre masculino singular .... + nombre femenino singular .... + nombre masculino plural .... + nombre femenino plural	**1.** Referido solo a personas: afirmativo: .....*alguien*.... negativo: ....
2. Frases negativas: ......*ningún*...... + nombre masculino singular .... + nombre femenino singular	**2.** Referido solo a cosas: afirmativo: ......*algo*...... negativo: .... **3.** Referido a cosas y personas: afirmativo: ..../*alguna*.... negativo: ..../*ninguna*....

▶ Pretérito perfecto de subjuntivo

En las expresiones y verbos que llevan subjuntivo, usamos el **pretérito perfecto de subjuntivo** cuando la acción es **pasada**. En el indicativo, se corresponde con el .... de indicativo.

Se forma con:

Presente de subjuntivo del verbo *haber* + participio		
(Yo)	haya	
(Tú)	hayas	habl**ado**
(Él/ella/usted)	haya	com**ido**
(Nosotros/as)	hayamos	viv**ido**
(Vosotros/as)	hayáis	
(Ellos/ellas/ustedes)	hayan	

1.3.2. **Estas son otras de las afirmaciones del informe sobre la juventud española. Léelas y elabora tus hipótesis: elige la opción que creas, completa las frases en los casos en que sea necesario y justifica tu respuesta. Discute con tus compañeros.**

1. Es posible que en la actualidad **haya aumentado/disminuido** el porcentaje de jóvenes que viven en su propia casa.

2. **No creo que se haya adelantado/Creo que se ha adelantado** la edad para tener hijos.

3. Probablemente comprarse una casa sea uno de los proyectos **más/menos** importantes para los jóvenes españoles.

4. Es posible que los gustos televisivos de los jóvenes **no hayan variado/hayan variado** en los últimos años. Ahora prefieren/siguen viendo…

5. **No creo que Internet haya influido/Creo que Internet ha influido** en la disminución de la lectura tradicional de libros.

6. Es **muy/poco probable** que tanto los hombres como las mujeres jóvenes hayan variado su idea sobre el reparto de tareas del hogar. Creo que piensan…

7. Es **posible/imposible** que, en la actualidad, haya algunas carreras universitarias preferidas más por las mujeres y otras más por los hombres.

8. **Hay alguna/No hay ninguna** diferencia de salario entre las profesiones más ocupadas por mujeres con respecto a las ocupadas por hombres.

1.3.3. **Lee las conclusiones del informe sobre la juventud, que te va a dar tu profesor, y comprueba tus hipótesis anteriores.**

1.3.4. **Piensa en cómo es la situación de los jóvenes de tu país y escribe párrafos que reflejen tu opinión.**

1.3.5. Cuenta a tus compañeros lo que has escrito para elaborar, en la actividad siguiente, un documento sobre la juventud en la actualidad con aquellos aspectos en los que coincidáis.

1.3.6. Con las notas que has tomado, redacta con tu compañero un informe sobre la juventud en la actualidad siguiendo el modelo que te ha dado tu profesor en 1.3.3.

1.4. Lee las características que, según el siguiente texto, tiene el lenguaje de los jóvenes para hacer la actividad que te va a proponer tu profesor.

> ### El español de los jóvenes
>
> Podemos definir la jerga juvenil como una especie de *collage* debido a la variedad de procedimientos lingüísticos de los que se vale para su creación: préstamos, cambios semánticos, asociaciones fonéticas, creaciones morfológicas...

2 La boda de Javi

2.1. Mira la siguiente foto: ¿cuántos años crees que tienen los novios? Completa el texto con la media de edad a la que crees que se casan los jóvenes españoles.

> Se ha comprobado que en la actualidad el perfil de jóvenes que optan por casarse va de los .... años en adelante (rondando los ....). En general, se ha tomado conciencia de que se necesita mucha madurez para comprometerse, además de tiempo para terminar los estudios y establecerse en un buen empleo que asegure los recursos económicos para la manutención de la familia.

2.2. [6] Escucha qué dice Javi de su noviazgo y su boda y completa la siguiente información.

María de .... años y Javi de ....

Se conocieron hace .... años. Estuvieron viviendo en pareja durante .... años. Decidieron casarse porque...

Javi: ....
....

María: ....
....

2.2.1. Javi habla de comprometerse con la vida adulta. ¿Qué crees que quiere decir? ¿Qué aspectos positivos y negativos piensas que tiene esta etapa de la vida?

2.2.2. Esta es parte de una carta que María escribió hace algunos años. ¿Qué crees que pensaba entonces del matrimonio?

La verdad es que el futuro me asusta un poco. Antes, cuando era más joven, tenía muy claro que quería tener hijos, uno de mis pensamientos era: "Cuando tenga 30 años, estaré casada y tendré dos hijos", pero ahora que estoy con una persona, y que me he enamorado, me da miedo perder mi libertad…

Cuando pienso en mi futuro, ahora que tengo que tomar decisiones importantes, recuerdo con nostalgia mi vida pasada y mis pequeñas aventuras, como cuando estuve en Italia trabajando. Otra cosa que recuerdo con mucho cariño es mi viaje a Viena. O cuando estuve en Egipto, me apasionó su cultura y decidí estudiar árabe…

2.2.3. Vuelve a leer la carta de María y completa el siguiente cuadro con las formas verbales que se utilizan después de la partícula temporal *cuando*.

> ## Cuando
>
> 1. Para hablar del futuro:
>   *Cuando* + ..., ...
>   Ejemplo: *Cuando* ....
>
> 2. Para hablar de pasado:
>   a. Para hablar de acciones puntuales:
>   *Cuando* + pretérito ...., pretérito ....
>   Ejemplo: *Cuando* ....
>
>   b. Para hablar de hábitos y descripciones en el pasado:
>   *Cuando* + pretérito ...., pretérito ....
>   Ejemplo: *Cuando* ....
>
> 3. Para hablar de hábitos en el presente, generalidades o acciones atemporales:
>   *Cuando* + ...
>   Ejemplo: *Cuando* ....

2.3. ¿Y tú? ¿Qué planes tienes? ¿Qué momentos de tu vida recuerdas especialmente? Escribe frases sobre ti poniendo los verbos en el tiempo adecuado, según tu situación actual.

[1] Cuando (terminar) la universidad... ▶ ....

[2] Cuando (volver) a mi país... ▶ ....

[3] Cuando (cumplir) 40 años... ▶ ....

[4] Cuando (tener) hijos ➤ ....

[5] Cuando (jubilarse) ➤ ....

[6] Cuando (cambiar) de trabajo ➤ ....

[7] Cuando (mirarme) al espejo ➤ ....

[8] Cuando mis hijos (independizarse) ➤ ....

[9] Cuando... ➤ ....

2.3.1. **Cuéntale a tus compañeros lo que has escrito anteriormente y hablad sobre ello.**

2.4. Esta es la tarjeta de invitación de boda de Javi y María. Piden a los invitados que colaboren en la redacción. Con tu compañero, completa los espacios en blanco.

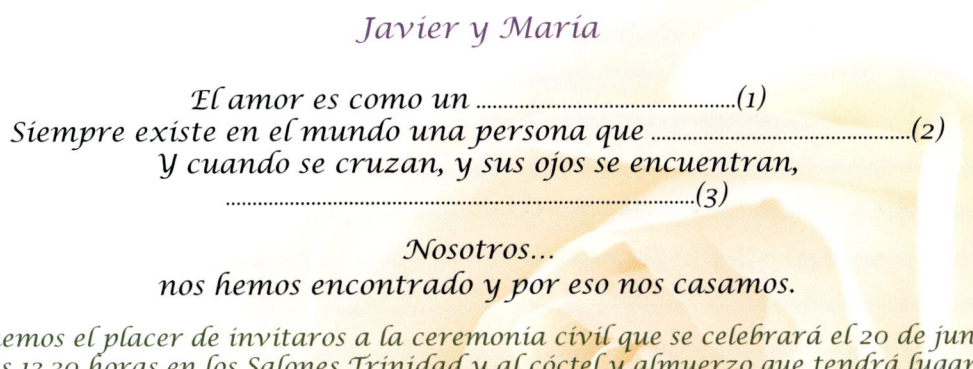

Javier y María

El amor es como un ....(1)
Siempre existe en el mundo una persona que ....(2)
Y cuando se cruzan, y sus ojos se encuentran,
...(3)

Nosotros...
nos hemos encontrado y por eso nos casamos.

Tenemos el placer de invitaros a la ceremonia civil que se celebrará el 20 de junio a las 13.30 horas en los Salones Trinidad y al cóctel y almuerzo que tendrá lugar a continuación en las mismas instalaciones.

¡No podéis faltar!

Se ruega confirmar asistencia.

2.4.1. Escribe una carta personal a los novios, felicitándoles por su boda y deseándoles lo mejor para esa nueva etapa de sus vidas. Habla de los aspectos positivos y negativos del matrimonio, pero resalta los primeros. Puedes contarles tu experiencia, si la tienes, o la de alguien que conozcas.

2.5. Mira las siguientes fotos de la boda de Javi y María y coméntalas con tus compañeros. ¿Cómo crees que es una boda en España? Haz hipótesis sobre los invitados, el banquete, los novios, los regalos, etc.

  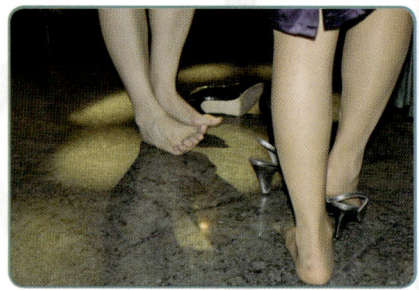

2.6.   Los invitados prepararon a los novios una canción. Es un círculo vicioso. Tu profesor te dirá qué tienes que hacer.

3 | Tu portafolio

3.1. Vocabulario. Dividid la clase en grupos de cuatro y en dos minutos pensad en todas las palabras que relacionéis con la vejez. Usad el diccionario.

3.1.1. Poned en común el léxico anterior: ¿qué grupo ha escrito más palabras? ¿Ha salido el siguiente vocabulario?

■ **Tercera edad (la):** término que se utiliza para hablar de las personas de más de 65 años.

■ **Artrosis (la):** enfermedad que consiste en la deformación de las articulaciones como las muñecas, los dedos, las rodillas, etc.

■ **Osteoporosis (la):** enfermedad de los huesos que hace que se rompan con más facilidad.

■ **Canas (las):** pelo blanco.

■ **Dentadura postiza (la):** dientes falsos.

■ **Arrugas:** pliegues o líneas que se hacen en la piel, generalmente a consecuencia de la edad.

 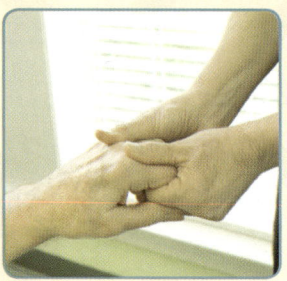 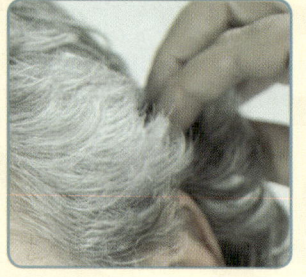 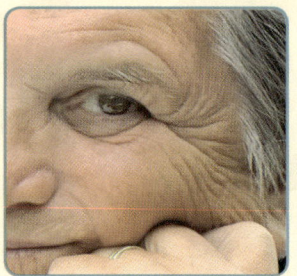

3.2. 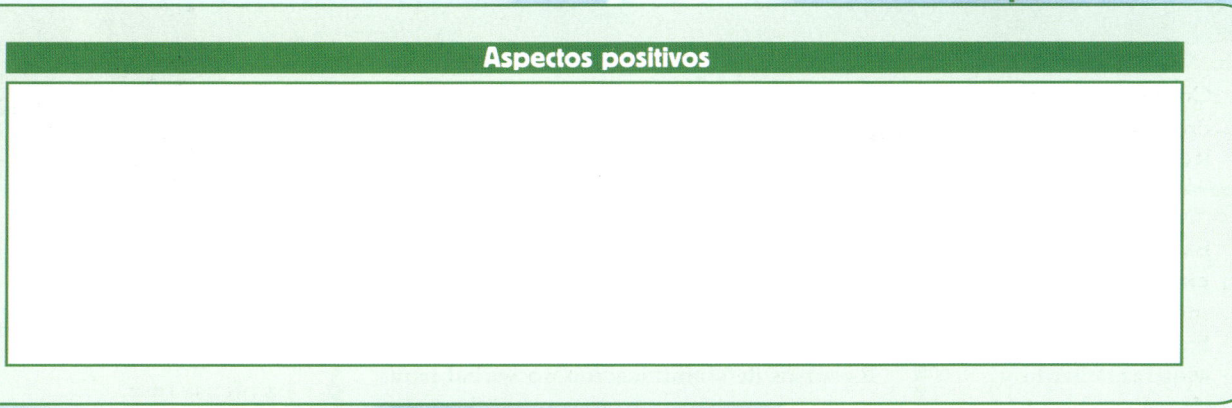 Luisa cumple 50 años. En la grabación habla de su miedo al futuro. Dividid la clase en dos grupos (A y B), uno escuchará y tomará nota de los aspectos positivos de la vejez, y el otro de los aspectos negativos. Vuestro profesor os explicará cómo.

Grupo A

Aspectos positivos

Grupo B

Aspectos negativos

3.2.1.  En parejas (A y B), poned en común vuestras respuestas. Tomad nota de las de vuestro compañero.

3.2.2. ¿Estás de acuerdo con Luisa? Habla con tus compañeros.

3.3. Realiza tu muestra para el dosier del portafolio, que constará de:

[1] un escrito que resuma las opiniones de la clase sobre las ventajas e inconvenientes de hacerse mayor;

[2] una hoja en la que cuentes y resumas cómo has realizado la tarea;

[3] una reflexión de cómo te has sentido, qué te ha parecido, etc.

Unidad 3

Una revista de cotilleos

Tareas:
- Confeccionar el portafolio del español.
- Presentar las características de la prensa rosa de sus países.
- Redactar un texto con las conclusiones de un debate.

Contenidos funcionales:
- Expresar sorpresa, extrañeza e incredulidad.
- Expresar indiferencia.
- Mostrar acuerdo y desacuerdo.

Contenidos lingüísticos:
- Verbos y expresiones de sorpresa, extrañeza, incredulidad e indiferencia.
- Uso del presente de subjuntivo y el pretérito perfecto de subjuntivo.
- Recursos de comunicación no verbal para expresar sorpresa, extrañeza, indiferencia e incredulidad.

Contenidos léxicos:
- Léxico relacionado con la prensa rosa.

Contenidos culturales:
- La prensa rosa.
- La revista *¡Hola!*
- El triple filtro de Sócrates.

---

1 Chismorreos

1.1.  ¿Conoces a estos personajes? ¿Sabes qué profesión tienen? ¿En qué tipo de prensa podrías encontrar noticias sobre ellos? Discútelo con tu compañero.

Barack Obama   Albert Einstein   Bill Gates

Tom Cruise   Paris Hilton   Tommy Hilfiger   Al Gore

Rafael Nadal   Paul Krugman   Angela Merkel

1.1.1. [8] Escucha estos comentarios y piensa a qué tipo de prensa, que hemos citado en la actividad anterior, se refieren.

1.2. **La prensa rosa se encarga de las noticias de sociedad protagonizadas por personas famosas. ¿Qué piensas de ella? Comenta con la clase estas cuestiones.**

> ¿Qué características tiene la prensa rosa?
>
> ¿Las revistas del corazón son muy diferentes a otro tipo de revistas, por ejemplo, científicas, económicas…? ¿Por qué?
>
> La prensa rosa tiene mala fama en España, ¿es igual en tu país? ¿Por qué crees que es así?

1.2.1. **A la izquierda están las características de la prensa generalista, ¿cuáles crees que comparte la prensa del corazón?**

Veracidad	[1] Los hechos o sucesos deben ser (1) v............................. .
Proximidad	[2] Las noticias tienen mayor interés si ocurren (2) c............................. del receptor.
Objetividad	[3] El periodista no debe introducir ninguna (3) o............................. personal ni (4) j............................. de valor.
Generalidad	[4] La noticia debe ser de (5) i............................. social y no particular.
Actualidad	[5] Los hechos deben ser (6) r............................. .
Claridad	[6] Los hechos deben ser expuestos de forma (7) o............................. y lógica.
Interés humano	[7] La noticia debe despertar algún tipo de (8) s.............................: rabia, tristeza, alegría…
Inmediatez	[8] La noticia debe darse a conocer lo más (9) r............................. posible.
Desenlace	[9] Algunas noticias mantienen el interés del público en espera de su (10) d............................. .

1.2.2. **Lee las definiciones de las características de la prensa generalista que hay en 1.2.1. y complétalas con la palabra que falta.**

1.2.3. **La periodista Lidia Berruguete, asidua colaboradora de revistas y programas del corazón, defiende la calidad de la prensa rosa. Lee sus argumentos y piensa en qué característica de las anteriores se ha basado en cada uno de ellos.**

1.

He pasado horas escondida en busca de esa imagen que demuestre la noticia. Me he disfrazado, me he hecho pasar por agente de seguros para obtener información y confirmarla.

2.

Está claro que hay personajes que me gustan más que otros, pero nunca en mis noticias dejo ver mis opiniones y sentimientos. Soy muy meticulosa en la redacción.

3.

Tengo informadores (camareros de restaurantes de moda, porteros, asistentas, etc.) a los que pago para que me mantengan informada de las últimas novedades de los famosos con los que trabajan o con los que tienen relación a causa de su profesión.

4.

He hecho todo para ser la primera en dar la noticia; conseguir, antes que nadie, una instantánea que luego se verá en la prensa y que puede dar mucho que hablar. Todo para conseguir esa exclusiva, el pan de un buen periodista del corazón.

5.

Cuando R.P. se fue a Estados Unidos para recibir el tratamiento para su enfermedad, todos los periodistas estábamos pendientes de su evolución y posible mejoría. El día de su muerte, allí estábamos todos y cubrimos la noticia como se debe hacer por alguien que ha sido importante en la vida social. En todas las radios sonaban sus canciones.

6.

Cuando damos una noticia sobre un famoso, por ejemplo una posible boda o divorcio, sabemos que estamos creando el interés del público, y en ese momento, somos conscientes de la responsabilidad de seguir esa noticia hasta el final: los lectores o espectadores tienen ese derecho.

1.2.4. **¿Estás de acuerdo con las opiniones de Lidia Berruguete? Elige alguna de sus frases para defender tu acuerdo o desacuerdo con ella. Coméntalo con la clase, ¿la mayoría estáis a favor o en contra de la prensa rosa?**

1.3. **El profesor os va a mostrar algunos titulares de crónica social, ¿qué palabra o acción relacionada con la prensa rosa os sugieren?**

1.3.1. [9] **Un periodista ha preguntado a la gente de la calle para averiguar qué palabra les sugiere a ellos cada uno de los titulares. Escucha y anótala al lado del número que identifica el titular. ¿Coinciden con vosotros?**

[1] ....   [5] ....

[2] ....   [6] ....

[3] ....   [7] ....

[4] ....

Unidad 3

1.3.2. **R** Completa con las palabras y expresiones que has escrito en 1.3.1.

> ### Léxico relacionado con las noticias de prensa rosa
>
> ■ Las revistas que se encargan de las noticias de crónica social forman parte de la llamada *prensa rosa* o *del corazón*. Algunas palabras relacionadas son:
>
> 1. ....: noticia, real o inventada, que no puede demostrarse y que pasa de unas personas a otras.
>
> 2. .... o ....: comentario real o falso que se hace para criticar a alguien.
>
> 3. .... o ....: característica de algo que no presta atención a lo importante.
>
> 4. ....: acción que no es real, solo lo aparenta.
>
> 5. ....: fotos que se toman sin autorización y sin conocimiento de la persona que sale en ellas.
>
> 6. ....: acción de vender un acontecimiento de tu vida privada a cambio de una suma importante de dinero.
>
> 7. ....: acción de ponerse en una determinada postura para que te hagan fotos.
>
> 8. ....*Paparazzi*........: fotógrafo de prensa del corazón que persigue a los famosos.

1.4. Para practicar estas palabras el profesor os va a dar unas tarjetas. Seguid sus instrucciones.

1.5. En parejas, responded a estas preguntas según vuestro conocimiento u opinión.

[1] **¿Conoces revistas del corazón españolas?**

[2] **¿Cuál es la revista del corazón más conocida internacionalmente?**

[3] **¿En qué país surgió?**

[4] **¿Desde cuándo existe?**

[5] **¿Cuántas versiones, según las nacionalidades, tiene?**

[6] **¿En cuántos países se distribuye?**

1.5.1. Lee el texto y comprueba tus respuestas.

En España, la prensa rosa tiene gran importancia. Son muchos los que intentan camuflar su carácter frívolo hablando de *crónica social* y evitando la palabra *cotilleo*.

El interés por las noticias del corazón ha crecido tanto en las últimas décadas que a las revistas les han salido unos serios competidores: los programas televisivos. Sin embargo, estos no subsistirían sin aquellas, ya que la mayor parte de sus contenidos se basa en la publicación de revistas como *Pronto*, *¡Hola!*, *Diez Minutos*, *Lecturas* y *Semana*.

Sin duda, la publicación más importante, debido a su proyección internacional, es *¡Hola!* Esta revista fue fundada en Barcelona, en 1944, por el periodista español Antonio Sánchez, que la dirigió hasta su muerte. El semanario pasó a manos de su hijo y, posteriormente, a su nieto Eduardo, actual director.

En 1989 apareció la popular versión británica *Hello!* y en 1998 se lanzó la versión francesa *Ohla!*, que seis años después dejó de publicarse.

Actualmente, con el nombre de *¡Hola!* o *Hello!* la revista se distribuye en 70 países de Europa, América, África y Asia.

I.6. **Dividid la clase por nacionalidades y completad este cuadro con información sobre la prensa rosa de vuestro país.**

Revistas y programas de televisión:	
Personajes frecuentes: nombres, profesiones…:	
Un montaje o una exclusiva:	
Un posado tradicional:	
Público consumidor:	
Importancia:	

I.6.I. **Con la información anterior, haced una presentación de la prensa rosa en vuestro país para el resto de la clase. ¿En qué país creéis que es más importante y seria?**

2 Lección de periodismo

2.I. **[IO]** **Lidia Berruguete ha dado una conferencia sobre la prensa rosa en una escuela de periodismo. Escucha este fragmento, ¿crees que tuvo éxito?**

2.I.I. **[IO]** **Vuelve a escuchar la grabación y escribe el nombre de los tres filtros de los que habla Lidia Berruguete.**

[1] **Filtro de** ....

[2] **Filtro de** ....

[3] **Filtro de** ....

Unidad 3

2.1.2. Lidia Berruguete habla del triple filtro de Sócrates para defender la seriedad y profesionalidad de la prensa rosa. Aunque en el fragmento de su conferencia no se responde a las tres preguntas, es fácil deducir qué respondería cada uno de estos personajes si sometieran una noticia de prensa rosa a estas preguntas antes de publicarla. Discútelo con un compañero y responded *sí* o *no* a las preguntas.

	Lidia Berruguete	Sócrates
1. ¿Estás absolutamente seguro de que lo que vas a contar es cierto?		
2. ¿Lo que vas a contar es demasiado privado y puede perjudicar a la persona de la que vas a hablar?		
3. ¿Servirá de algo saber lo que vas a contar?		
■ Define esta información como:		

2.1.3. ¿Con quién estás más de acuerdo? ¿Prefieres la definición de Lidia Berruguete o la de Sócrates? Coméntalo con la clase.

2.2. Lidia Berruguete no pudo terminar su conferencia, después de la primera interrupción vinieron otras y su paciencia se agotó. Los estudiantes escribieron sus opiniones en unas notas que ella partió por la mitad. El profesor os va a dar unas tarjetas para reconstruir esas notas. Unidlas para formar una frase completa.

2.2.1. Observa las expresiones destacadas de las notas de 2.2. y clasifícalas según su significado. Trabaja con un compañero.

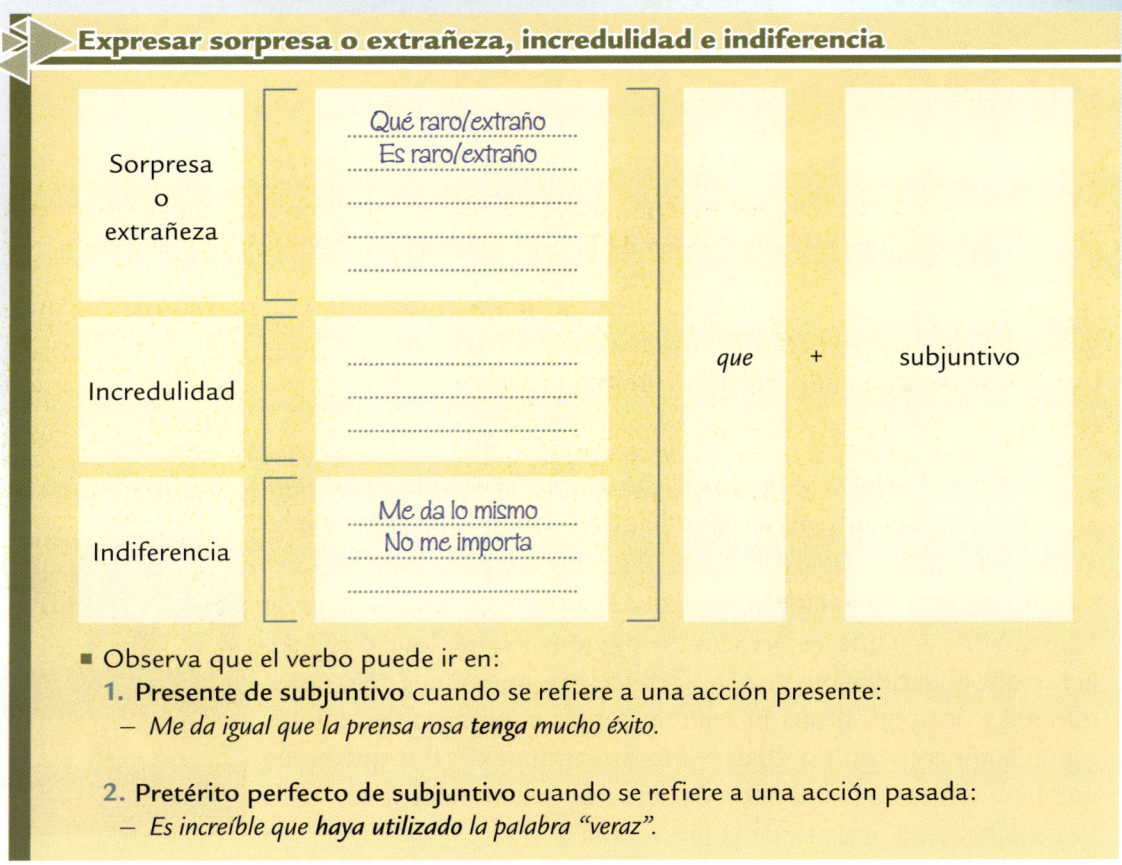

Expresar sorpresa o extrañeza, incredulidad e indiferencia

Sorpresa o extrañeza	Qué raro/extraño Es raro/extraño		
Incredulidad		*que* +	subjuntivo
Indiferencia	Me da lo mismo No me importa		

■ Observa que el verbo puede ir en:

1. Presente de subjuntivo cuando se refiere a una acción presente:
– *Me da igual que la prensa rosa **tenga** mucho éxito.*

2. Pretérito perfecto de subjuntivo cuando se refiere a una acción pasada:
– *Es increíble que **haya utilizado** la palabra "veraz".*

Fíjate:

En las notas que escribieron, los estudiantes utilizan los recursos para expresar sorpresa, extrañeza, incredulidad o indiferencia con un tono irónico. En realidad, su objetivo es mostrar desacuerdo con las opiniones de la periodista.

2.3. En esta unidad hemos hablado de la prensa rosa, pero hay otra prensa sensacionalista identificada con otro color, ¿sabes cuál es? Joseph Pulitzer está muy ligado a este otro tipo de prensa, ¿sabes por qué? Coméntalo con la clase.

2.3.I. El mismo día de su visita a la escuela de periodismo, Lidia Berruguete escribió un artículo para defenderse de las críticas de los estudiantes. Complétalo con un compañero eligiendo el fragmento de la frase que falta en cada espacio y utilizando una expresión del sentimiento que se indica entre paréntesis. No olvides transformar el verbo en infinitivo a presente o pretérito perfecto de subjuntivo, según corresponda.

ningún profesor explicar	tener (ellos)	ninguno de ellos darse cuenta	poner (ellos)
no saber (ellos)	nadie cuestionar	no estudiar (ellos)	desconocer (ellos)

Me da lo mismo que tengan (1. *indiferencia*) esa opinión sobre la prensa rosa, pero .... (2. *sorpresa*) en duda su calidad informativa. Y lo que me parece peor de toda esta situación es que, para denostar al periodismo que yo practico, se hayan utilizado argumentos con los que se beatifica a la prensa generalista.

.... (3. *sorpresa*) esta mañana en esa sala su objetividad, ni haya hablado del sensacionalismo o amarillismo.

.... (4. *incredulidad*) a estos estudiantes de periodismo que actualmente el objetivo de todos los diarios es vender y aumentar tirada. Cautivar a los lectores con titulares engañosos está siendo una forma habitual de los periódicos pretendidamente más serios.

.... (5. *extrañeza*) hasta el momento de que el amarillismo es una práctica generalizada y que el periodismo actual es tendencioso. .... (6. *extrañeza*) que la línea entre la información y la interpretación es sutil.

.... (7. *incredulidad*) nada sobre la prensa amarilla y .... (8. *sorpresa*) que el término amarillismo es antiguo, que no es un *invento* actual: tiene su origen en los tiempos de Joseph Pulitzer y William Randolph Hearst (finales del siglo XIX-principios del XX) cuando competían a muerte por vender periódicos en la ciudad de Nueva York. Así que les invito a las siguientes reflexiones: ¿Creen acaso que el periodismo puede ser objetivo e imparcial? ¿No creen que todos los periodistas buscan aumentar el número de lectores y que, para conseguirlo, disfrazarán sus titulares? ¿Por qué creen que la mayoría de los periódicos actuales tienen un espacio, cada vez mayor, para noticias de la prensa rosa?

2.3.2. Lidia Berruguete emplea algunos términos con el objeto de criticar a la prensa generalista. Vuelve a leer el texto y completa con las palabras que utiliza para referirse a estos conceptos.

1. Cualidad de la información transmitida con independencia de la manera de pensar o sentir: ....

2. Práctica periodística cuyo objetivo es impresionar al lector: ....

3. Encabezamientos de una información que invitan a pensar en algo que no es cierto: ....

4. Que refleja las ideas políticas o religiosas: ....

2.4. Escucha las siguientes conversaciones y escribe las expresiones que utilizan para mostrar sorpresa, extrañeza, incredulidad o indiferencia.

[1] ....

[2] ....

[3] ....

[4] ....

[5] ....

[6] ....

[7] ....

[8] ....

2.4.I. Escribe junto a cada expresión si se utiliza para mostrar sorpresa, extrañeza, incredulidad o indiferencia.

2.4.2. Vuelve a escuchar, fíjate en la entonación de la expresión y repítela.

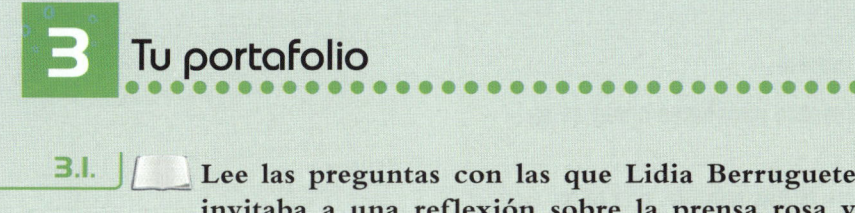

3 Tu portafolio

3.I. Lee las preguntas con las que Lidia Berruguete invitaba a una reflexión sobre la prensa rosa y generalista.

[1] ¿Creen acaso que el periodismo puede ser objetivo e imparcial?

[2] ¿No creen que todos los periodistas buscan aumentar el número de lectores y que, para conseguirlo, disfrazarán sus titulares?

[3] ¿Por qué creen que la mayoría de los periódicos actuales tienen un espacio, cada vez mayor, para noticias de la prensa rosa?

3.1.1. Vamos a hacer un debate. Para ello, dividid la clase en dos grupos. Pensad en los argumentos que vais a utilizar y tomad nota de ellos.

Grupo A

Defenderá la prensa rosa y buscará puntos débiles de la generalista.

Grupo B

Defenderá la prensa generalista e intentará demostrar que no tiene relación con la rosa.

3.1.2. Empezamos el debate. Nombrad en cada grupo a un representante para que tome nota de las ideas más importantes sobre las que discutáis.

▶ Pienso que la prensa generalista tiene un espacio para cotilleos porque la gente lo pide.

▶ Yo creo que no, pero...

3.2. Volved a dividiros en los grupos A y B y, utilizando las notas que han tomado los representantes, escribid un texto que recoja las ideas más importantes que han salido en el debate. No es necesario que defendáis una postura. Estas recomendaciones y conectores pueden ayudaros a realizar la tarea.

■ **El texto debe empezar con una presentación del tema.**
Podéis hacer una definición de prensa generalista y rosa o empezar con una clasificación de tipos de prensa.

■ **La parte central del texto es el desarrollo de las ideas.**
Para organizar la información podéis utilizar: *en primer/segundo lugar, por un/otro lado…*
Para apoyar un argumento: *además.*
Para reformular una información: *es decir.*

■ **El texto debe terminar con una conclusión.**
Para introducir la conclusión final podéis utilizar: *en conclusión, en resumen…*

3.3. Realiza tu muestra para el dosier del portafolio, que constará de:

[1] el texto que habéis escrito;

[2] una hoja en la que cuentes y resumas cómo se ha realizado la tarea;

[3] una reflexión de cómo te has sentido, qué te ha parecido, etc.

Unidad 3

Unidad 4

Un taller cultural

Tareas:
- Confeccionar el portafolio del español.
- Participar en un concurso cultural.
- Redactar la convocatoria de un concurso.

Contenidos funcionales:
- Describir las características de un cuadro, una obra, los personajes de un libro, etc.
- Preguntar por el conocimiento de algo.
- Conocer una época artística y literaria española.
- Resumir el argumento de una obra.

Contenidos lingüísticos:
- Oraciones de relativo con indicativo y subjuntivo.
- Oraciones de relativo con preposición.
- *¿Qué sabes/conoces de...?*
- *¿No sabes/conoces nada de...?*
- *Sabes/conoces..., ¿no?/¿verdad?*

Contenidos léxicos:
- Léxico relacionado con el arte, la literatura, el teatro.

Contenidos culturales:
- *La casa de Bernarda Alba* de Federico García Lorca.
- Los cafés literarios y el café Comercial de Madrid.
- *La colmena* de Camilo José Cela.

I ¿Qué sabes de...?

I.1.  ¿Qué sabes de España o Hispanoamérica? Escribe el nombre de los personajes que conozcas y piensa en la información que tienes de ellos para después contársela a tus compañeros.

Un/a político/a:	⇨		**Un/a escritor/a:**	⇨ ....
Un/a actor/actriz:	⇨		**Un/a músico/a:**	⇨ ....
Un/a artista:	⇨		**Un/a deportista:**	⇨ ....

I.1.1. Pregunta a tus compañeros qué saben de los personajes que has escrito y dales la información que tienes.

▶ ¿Conoces a Iker Casillas?
▶ Sí, es el portero de la selección española, ¿verdad?

Recuerda:
- Para preguntar por el conocimiento de algo:
  - —¿Qué sabes/conoces de...?
  - —¿No sabes/conoces nada de...?
  - —Sabes/conoces..., ¿no?/¿verdad?

I.2. [12] ¿Sabes lo que es un café literario? Escucha la siguiente cuña en la radio y colabora con El café para elegir la imagen más adecuada como logotipo, según tu opinión.

Este mes, en El café, te invitamos a que nos ayudes a buscar el logo para nuestra próxima campaña publicitaria. Escucha nuestra publicidad y ponle imágenes.

 Continúa ▶

1.3. En **El café** se acaba de representar una obra de teatro de García Lorca: *La casa de Bernarda Alba*. Los clientes y espectadores escriben en el libro de visitas sus opiniones acerca de la obra. Léelas, según las instrucciones que te va a dar tu profesor, y completa el siguiente cuadro.

Sobre el autor:
[1] Nombre completo: ....
[2] Lugar de nacimiento: ....
[3] Fecha de su muerte: ....
[4] Grupo literario al que perteneció: ....
[5] Algunas ciudades donde vivió: ....
[6] Géneros literarios que escribió: ....
[7] Temas de las obras de Lorca: ....

Sobre la obra *La casa de Bernarda Alba*:
Fecha de estreno en España: ....(1) **Sinopsis:** La obra se sitúa en un pequeño ....(2) donde, tras la ....(3) del segundo esposo de ....(4) Alba, esta obliga a sus cinco hijas a guardar ....(5) y, por tanto, a vivir encerradas durante ....(6) años. Durante esta época, las hijas no podrán salir de ....(7) ni hacer otra cosa más que ....(8).

1.3.1. Federico García Lorca perteneció a la **Generación del 27**. ¿Sabes lo que es una generación literaria? Lee la información que te muestra tu profesor y completa el siguiente esquema. Trabaja con tu compañero.

Una generación literaria puede estar formada por:			
1. Un grupo de escritores que haya nacido en fechas cercanas y entre los que no debe haber más de 12 años de diferencia.	**2. Un grupo de escritores que tenga** un acontecimiento que les una.	**3. Un grupo de escritores que haya recibido** una formación intelectual similar.	**4. Un grupo de escritores que crea** en una concepción de la literatura similar.

La generación del 27 es:			
1. Un grupo de escritores en el que la mayoría ha nacido entre _1892_ (1) y ....(2).	**2. El acontecimiento que une** a este grupo de escritores es el Acto de Conmemoración por la ....(3).	**3.** ....(4) es **el centro intelectual que les reúne.**	**4.** Todos ellos creen en **un lenguaje poético que busca** ....(5).

Unidad 4

1.3.2. [R] **Fíjate en las frases resaltadas de la actividad anterior para completar el siguiente cuadro.**

Oraciones de relativo

■ Estas frases tienen la siguiente estructura:

> sustantivo + ...(1) + verbo (en indicativo o en subjuntivo).

> El sustantivo recibe el nombre de antecedente.

Usamos el verbo en ....(2) cuando el nombre (antecedente) es **conocido**.	Usamos el verbo en ....(5) cuando el nombre (antecedente) es **no conocido**.

En los ejemplos anteriores:

1. El grupo de escritores es conocido: la generación del 27.

2. El acontecimiento también es conocido: ....(3).

3. El centro de formación intelectual conocido es la ....(4).

4. El lenguaje poético conocido es el que tenemos en sus escritos.

En los ejemplos anteriores:

En la definición de grupo literario no se habla de una generación concreta o conocida, sino de cualquier grupo de escritores que cumpla esas características.

1.3.3. [BLA] **El café quiere convocar un concurso cultural y pide que lo ayudemos. En grupos, discutid vuestra opinión sobre los siguientes aspectos del concurso.**

■ Los temas (*que se refieran a distintos ámbitos de la cultura: arte, literatura, teatro, etc.; que traten de cuestiones de actualidad...*).

■ Las preguntas (*que tengan una redacción simple, que haya que elegir la respuesta de...*).

■ Los premios (*que haya tres categorías...*).

■ El jurado (*que sean personas que...*).

1.3.4. [✎] **Escuchad las conclusiones anteriores de vuestros compañeros para llegar a un acuerdo y redactar un texto que describa el tipo de concurso que proponéis.**

1.3.5. Lee la convocatoria para el concurso cultural que finalmente propone El café y discute con tus compañeros por qué hay indicativo o subjuntivo en las frases de relativo. ¿Es muy diferente al tipo de convocatoria que habíais sugerido en la actividad anterior?

BASES GENERALES DE LA CONVOCATORIA. CONCURSO DÍA 5 DE NOVIEMBRE

1. Podrán participar todas **las personas que tengan** interés por concursar. Estas deberán inscribirse antes del día 3 de noviembre.

2. **Las personas que son socias** de El café tienen un descuento del 30% en el precio de inscripción.

3. Todas **las personas que participen** en el concurso tendrán dos consumiciones gratis ese día.

4. Además de contestar a unas preguntas de cultura general, los participantes tendrán que entregar, dos días antes de la convocatoria, un trabajo sobre **el tema que se describe** en el anexo 1.

5. **Los trabajos que se presenten** no pueden estar publicados en ningún medio escrito u oral.

6. El día del concurso habrá una exposición sobre la Generación del 27. Esta exposición exhibirá **los cuadros y las fotografías que han sido cedidas** por la Residencia generosamente a El café para tal fin.

7. El día de la inscripción se entregará a los concursantes una lista con los nombres y el currículo de **los especialistas que evaluarán** los trabajos.

8. **El trabajo que gane** el concurso será publicado en la revista cultural de El café.

9. El ganador del concurso recibirá un **bono anual que le permitirá** la entrada gratuita a todos los eventos culturales de El café.

1.4. Los cafés literarios fueron lugares de encuentro muy importantes a finales del siglo XIX y principios del XX. Mira las siguientes imágenes del café Comercial de Madrid y trata de completar, según lo que estas te sugieren, el texto que lo describe.

Este café fue uno de los máximos exponentes de lo que se ha denominado la Edad de Oro de los cafés de Madrid. Abrió sus puertas en 1887 para una clientela constituida por .... que pasaban su tiempo entre el café, el licor y las tertulias que trataban ....

El café Comercial fue reformado por sus dueños en el año 1953 y continúa siendo un emblema, un espacio donde jóvenes y no tan jóvenes disfrutan del café y la conversación. Un lugar de parada obligada. Tras su puerta giratoria, se abre un amplísimo espacio con numerosas mesas de mármol y sillas de madera, que parece más grande por los espejos que visten las paredes, testigos mudos de la historia de Madrid. Además de café, chocolate e infusiones, se pueden también degustar bocadillos, tapas y raciones. En la planta superior se encuentra el Club de Ajedrez Café Comercial donde se puede pedir un tablero y unas fichas para disfrutar de este gran juego de estrategia. Actualmente, el café ofrece a sus clientes la posibilidad de navegar por Internet. También organizan tertulias, exposiciones, coloquios…

Adaptado de http://11870.com/pro/cafe-comercial

1.4.1. Fíjate ahora en el cartel de la siguiente película. ¿Cuál crees que es el escenario principal de la historia?

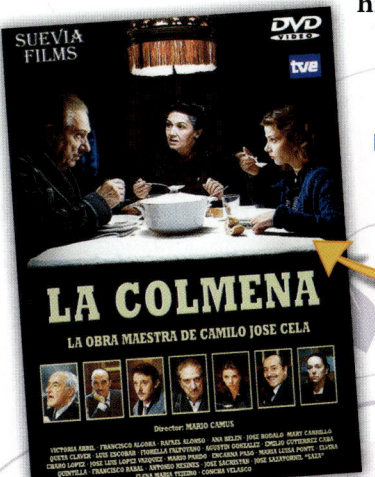

1.4.2. Este es otro cartel de la misma película. Mira también el anterior y, con tu compañero, especula sobre los aspectos que te apuntamos.

- ■ Camilo José Cela es…, por lo tanto, la película está basada en…
- ■ Los personajes de la historia son…
- ■ La ciudad y el tiempo en el que transcurre la historia.
- ■ El argumento.

1.4.3. Lee la siguiente información y comprueba tus hipótesis anteriores. ¿Sabes a lo que se refiere el autor con el término "presente histórico"?

La colmena (1951) es una novela neorrealista ("un trozo de vida narrado paso a paso"). La acción transcurre en tres días y medio del año 1943 en Madrid, en algunas casas, establecimientos y calles, en los que los personajes coinciden. Es una novela de argumentos, enlazados entre sí, que ofrecen una visión del Madrid de posguerra, marcado por el hambre, el miedo, la hipocresía…

Aunque apareció primero en Buenos Aires y no se publicó en España hasta 1962, a causa de la censura, la novela tuvo desde el principio una amplia difusión entre los lectores españoles. Camilo José Cela, el autor, define así el libro:

"En La colmena salto a la tercera persona. La colmena está escrita en lo que los gramáticos llaman "presente histórico", es una novela reloj, una novela hecha de múltiples ruedas y piececitas que se precisan las unas a las otras para que aquello marche. La colmena es una novela sin héroe, en la que todos sus personajes, como en caracol, viven inmersos en su propia insignificancia".

I.5.  **Esta es una de las preguntas del concurso: ¿alguien de la clase sabe la respuesta?**

> **Federico García Lorca conoció en la Residencia de Estudiantes a un pintor y a un director de cine. Los tres se hicieron muy amigos. ¿Quiénes eran?**

I.5.1. **Lee el siguiente texto y contesta a la pregunta del concurso.**

"Aquí éramos 150 residentes y algunos de lo que destacaron fueron el hijo de un agricultor granadino (Federico García Lorca), el de un indiano de Calanda (Luis Buñuel) y el de un notario de Figueras (Salvador Dalí). Fueron mis amigos, los del hijo de un ingeniero de Huesca (yo, Pepín Bello).

Federico era una persona extraordinaria, luminoso, brillante de verdad. Todo el mundo le tenía una enorme simpatía. El mejor calificativo lo inventó Jorge Guillén, que le admiraba muchísimo. Cuando hacía buen tiempo decía: "Estando con Federico no hace ni buen, ni mal tiempo, hace Federico".

Salvador Dalí nació en Figueras. Lo mejor de su pintura...

Luis Buñuel nació en España pero tenía nacionalidad...".

José Bello Lasierra, conocido como Pepín Bello, fue el último testigo vivo de los famosos amigos de la Residencia de Estudiantes de Madrid, entre los que se encontraban muchos miembros de la Generación del 27 como Lorca, Dalí, Alberti y Buñuel, de quienes fue íntimo amigo y con los que mantuvo relación durante toda la vida de estos. Pepín Bello es conocido como «el fotógrafo de la Generación del 27», por haber realizado la gran mayoría de las fotos que se conservan de aquel momento, tanto durante el periodo en que convivieron en Madrid como de los encuentros que tuvieron durante el final de la década de 1920 y el comienzo de la Guerra Civil en 1936.

I.5.2.  **Relaciona las columnas. ¿Conoces las obras que se mencionan? ¿Qué sabes de ellas? Coméntalo con tus compañeros**

- ① Lorca •
- ② Dalí •
- ③ Buñuel •

- ⓐ *Un perro andaluz* •
- ⓑ *La persistencia de la memoria* •
- ⓒ *Romancero gitano* •

- Ⓐ Cuadro en el que los relojes simbolizan la memoria reblandecida por el paso del tiempo.
- Ⓑ El título de esta película surrealista se escogió porque no tenía relación alguna con el contenido de la misma.
- Ⓒ Los poemas que componen este libro tienen una temática común: Andalucía y la cultura gitana.

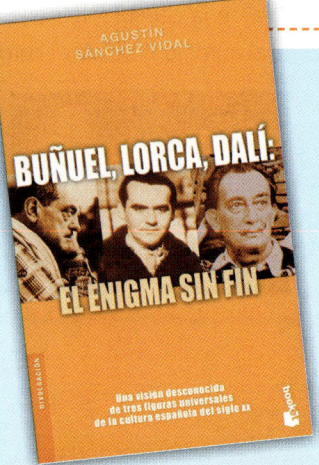

I.5.3. **Para saber más sobre los amigos de García Lorca, escucha la siguiente grabación y toma notas de la información que consideres importante.**

I.5.4. **Cuenta a tus compañeros lo que sabes de los amigos de García Lorca.**

2.1. Los personajes de *La casa de Bernarda Alba* simbolizan diferentes sentimientos o actitudes. Para saber cuáles son y lo que significan, tu profesor te dirá lo que tienes que hacer.

Hija 5 (.............................):
es la más joven. Tiene 20 años. Rechaza la autoridad de su madre. Se convierte en la amante de Pepe el Romano.

Hija 1 (.............................):
tiene unos 40 años y representa a la mujer que no se ha casado y que se hace vieja. Ten en cuenta que hablamos de los años 30-40.

La madre (.........................):
es cruel e inflexible. Es el personaje en el que se concentran más aspectos negativos. Aparece siempre con un bastón: símbolo de su poder.

Hija 2 (.............................):
tiene alrededor de 30 años, y aunque es sumisa, protesta amargamente y dice que hubiera preferido ser un hombre.

Hija 4 (.............................):
alrededor de 24 años. Tuvo la oportunidad de casarse, pero no lo hizo porque a su madre no le gustaba su novio. Vive en continua lucha: entre la pasión que siente por Pepe el Romano y sus ideas religiosas. Esta contradicción no la deja vivir en paz.

Hija 3 (.............................):
unos 27 años. Es el personaje con menos personalidad y menos definición.

2.2. Los nombres de los personajes también tienen un significado y están relacionados con su personalidad. Mira la transparencia que te muestra tu profesor. Lee la siguiente información sobre las mujeres y escribe su nombre en el espacio en blanco.

La madre: ....(1)
Tiene autoridad absoluta sobre sus hijas **a las que** obliga a estar encerradas en casa durante los ocho años del luto. Es el personaje en el que se concentran más aspectos negativos.

Hija 1: ....(2)	Hija 2: ....(3)	Hija 3: ....(4)	Hija 4: ....(5)	Hija 5: ....(6)
Es hija del primer marido de Bernarda. Heredó de su padre y es la que tiene dinero; es la razón **por la que** Pepe el Romano se casará con ella.	Es una de las más sumisas y obedientes. Siempre está con miedo y llorando, pero es **a la que** oímos quejarse más. Ha abandonado la idea de casarse y odia ser mujer.	Es quizás la hija con menos personalidad. **Es de la que** menos cosas sabemos: resignada y tímida.	Es un personaje más complejo. Está enferma, es depresiva y pesimista. Está llena de odio y resentimiento. Siente una gran pasión por Pepe el Romano, **del que** está profundamente enamorada. Este hecho la llevará a la envidia y a la maldad.	Es rebelde, la más joven, hermosa, apasionada, fuerte y vitalista. Es la única que se enfrenta a la madre, **con la que** discute hasta romperle el bastón, símbolo de autoridad.

Pepe el Romano
No aparece en escena, pero está siempre presente. Es la encarnación del Hombre, **del que** todas se enamoran.

2.2.I. **Fíjate en las palabras resaltadas de la actividad anterior y completa el siguiente cuadro.**

Oraciones de relativo con preposición

- Cuando el verbo de la oración relativa lleva un complemento con preposición (para indicar lugar, causa, modo, tiempo...), el relativo (*que*) mantiene esta preposición. En ese caso, el pronombre relativo lleva siempre artículo (*el/la/los/las*), que concuerda en género y número con el antecedente.

> antecedente + ... + el/la/los/las + ... + verbo (indicativo/subjuntivo)

2.3. El café te invita a completar el argumento de *La casa de Bernarda Alba* con pronombres relativos con preposición. Si necesitas ayuda, levántate y pide más información a tu profesor. Trabaja con tu compañero.

> Muere el segundo marido de Bernarda Alba y esta impone a sus cinco hijas un luto de ocho años, periodo (1) __durante el que__ no podrán salir de casa. Angustias, hija del primer marido de Bernarda y (2)............................. ha heredado su fortuna, acepta casarse con Pepe el Romano, a pesar de saber que él solo busca su dinero. Es vieja y Pepe el Romano es su última oportunidad: todas las noches se citan en una ventana de la casa (3)............................. hablan.
>
> Pepe el Romano se convierte en el hombre (4)............................. todas sueñan y (5)............................. se enamoran secretamente y (6)............................. empiezan los celos y las envidias entre ellas. Martirio siente una pasión desmedida por él y Adela, la más joven y guapa, es quien lo consigue.
>
> Tres días antes de la petición de mano de Angustias, Martirio descubre a Adela con Pepe el Romano, (7)............................. discuten en mitad de la noche. Los gritos despiertan al resto de la familia, incluida Bernarda. Adela se enfrenta a su madre y le rompe el bastón, (8)............................. esta, enfurecida, sale corriendo a matar a Pepe el Romano.
>
> Martirio hace creer a Adela que Pepe el Romano ha muerto y se encierra en su habitación con una cuerda (9)............................. se ahorca. Las últimas palabras de Bernarda son: "Ella, la hija menor de Bernarda Alba, ha muerto virgen. ¿Me habéis oído? ¡Silencio, silencio he dicho! ¡Silencio!".

2.4. Las siguientes palabras y expresiones aparecen en tres fragmentos de la obra, que vamos a escuchar. ¿Sabes lo que significan? Habla con tus compañeros.

> tapiar con ladrillos

> arca

> hilo

> pretender (cortejar)

> parecer un palo vestida

Federico García Lorca

La casa de Bernarda Alba

Edición de
Allen Josephs y Juan Caballero

CATEDRA
Letras Hispánicas

2.4.1.  **Relaciona el vocabulario con su significado.**

• ⓐ Hacer un muro.

① hilo •

• ⓑ Material utilizado en la construcción.

② pretender (cortejar) •

• ⓒ Caja grande para guardar cosas.

③ parecer un palo vestido/a •

• ⓓ Tipo de tejido.

④ arca •

• ⓔ Expresión que se usa para decir que alguien es muy feo.

⑤ ladrillo •

⑥ tapiar •

• ⓕ Tratar a una persona de forma amable para intentar iniciar una relación sentimental.

2.4.2. **Escucha tres pequeños fragmentos de *La casa de Bernarda Alba* y marca el nombre de las personas que crees que hablan.**

■ **Texto 1:** Bernarda/Adela/Angustias.
■ **Texto 2:** dos hermanas de Angustias/las vecinas/Bernarda.
■ **Texto 3:** Bernarda/Adela/Angustias.

3 Tu portafolio

3.1. Vamos a preparar la convocatoria de un concurso cultural. Discute con tus compañeros el tipo de concurso que queréis hacer y llegad entre todos a un acuerdo sobre el tema, el número de preguntas, el tipo de respuestas, destinatarios, premios, etc.

3.1.1. Dividid la clase en parejas y redactad la convocatoria.

3.2. Realiza tu muestra para el dosier del portafolio, que constará de:

[1] la convocatoria del concurso;

[2] una hoja en la que cuentes y resumas cómo has realizado la tarea;

[3] una reflexión de cómo te has sentido, qué te ha parecido, etc.

Unidad 5

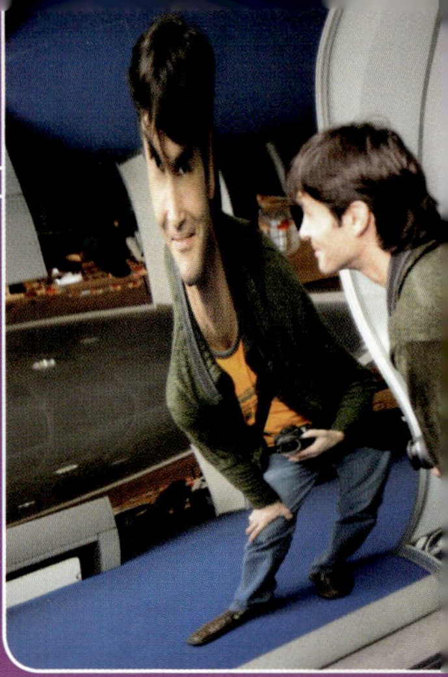

Sin complejos

ooooooooooooooooooooooooooooooooooooooooooooooooooooo

Tareas:
- Confeccionar el portafolio del español.
- Diseñar una campaña publicitaria "Por una belleza real".
- Elaborar una lista de acontecimientos políticos, históricos y sociales cuyas consecuencias están vigentes en la actualidad.

Contenidos funcionales:
- Expresar probabilidad.
- Expresar tristeza y aflicción.
- Expresar miedo, ansiedad y preocupación.
- Expresar gustos.
- Expresar deseos.
- Expresar opiniones.

Contenidos lingüísticos:
- Repaso y sistematización de contenidos lingüísticos de este nivel (subjuntivo, pasados, futuros, imperativo, *ser/estar*, *por/para*).

Contenidos léxicos:
- Léxico relacionado con la estética y la imagen.

Contenidos culturales:
- Estereotipos de belleza.
- Publicidad.
- *El baile de la Victoria*, de Antonio Skármeta.
- Acontecimientos políticos chilenos.

I Complejos físicos

•••

I.I. Recuerda todas las palabras que sabes del cuerpo humano. Tu profesor te dirá cómo.

I.I.I. ¿Sabes lo que es un complejo? ¿Qué complejos podrían tener estas dos personas? ¿Conoces las palabras en español? Señala en la actividad anterior las partes del cuerpo de las que más frecuentemente se tienen complejos.

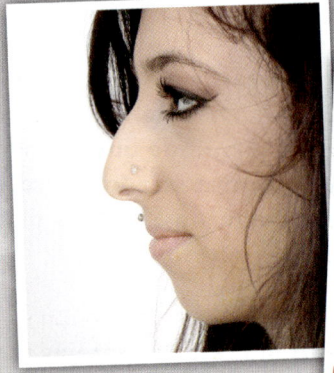

I.2. Lee el siguiente eslogan: ¿has oído hablar de esta campaña publicitaria? ¿Quién crees que es el anunciante o qué tipo de productos piensas que anuncia? ¿En qué crees que consiste? ¿A qué se refiere con *belleza real*? Habla con tus compañeros.

¿Quién decide qué es bello?

Campaña
Por la belleza real

Unidad 5

I.2.I. Mira los anuncios pertenecientes a la campaña anterior, que te muestra tu profesor. ¿Coincide con lo que habéis hablado? Fíjate en el logotipo del anunciante, ¿lo conoces?

I.2.2. Lee la información sobre la marca Dove de la página siguiente y contesta a las siguientes preguntas.

1.º ¿Cuáles de los siguientes productos son de uso personal? Márcalos. Si no conoces alguna palabra, búscala en el diccionario. Después relaciónalos con la parte del cuerpo para la que se usan.

- ① ☐ champú (el) •
- ② ☐ lejía (la) •
- ③ ☐ crema facial (la) •
- ④ ☐ jabón (el) •
- ⑤ ☐ maquillaje (el) •
- ⑥ ☐ detergente (el) •
- ⑦ ☐ pintalabios (el) •
- ⑧ ☐ crema corporal (la) •
- ⑨ ☐ friegaplatos (el) •
- ⑩ ☐ gel de baño (el) •
- ⑪ ☐ suavizante capilar (el) •
- ⑫ ☐ mascarilla capilar (la) •

- ⓐ piernas (las)
- ⓑ brazos (los)
- ⓒ ojos (los)
- ⓓ labios (los)
- ⓔ manos (las)
- ⓕ cara (la)
- ⓖ cuerpo (el)
- ⓗ pies (los)
- ⓘ pelo (el)

2.º ¿Qué características crees que tiene el estereotipo de belleza femenina que existe en la sociedad actual?

3.º Marca las acciones que crees que fomentan la autoestima:

☐ **1.** Busca aspectos positivos de tu personalidad y repasa las virtudes y cualidades que tengas.

☐ **2.** Trata de buscar la aprobación de los demás.

☐ **3.** No aceptes tus limitaciones y busca la superación.

☐ **4.** Acepta que cometerás errores porque todo el mundo los comete; considéralos como oportunidades de aprendizaje.

☐ **5.** Disfruta pasando tu tiempo con personas que te importan y haciendo cosas que te gustan.

☐ **6.** Mírate al espejo y haz una lista de las cosas que no te gustan.

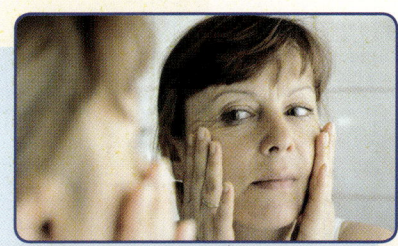

Dove

Dove es la línea de productos de cuidado personal perteneciente a la multinacional Unilever. La marca es identificada por una insignia en forma de paloma. El primer producto de esta marca (el clásico jabón blanco) fue lanzado en Estados Unidos en 1955.

Dove ha intentado, en sus nuevas campañas publicitarias, no utilizar modelos convencionales. Ha preferido utilizar modelos de complexión común, dejando de lado a aquellas de cuerpos muy delgados y estilizados, como parte de su campaña *Por la belleza real*. El objetivo es promover un concepto de la belleza más saludable y más tolerante. Con esta misma finalidad se creó la Fundación Dove para la Autoestima.

1.2.3. ¿Qué otras acciones te parecen positivas para la autoestima?

1.3. Los siguientes anuncios están basados en la publicidad *Por la belleza real* de Dove. ¿Qué sentimientos o emociones te producen? ¿Crees que eso es lo que pretende provocar el anunciante? Habla con tu compañero.

> indiferencia ■ pena ■ miedo ■ rabia ■ vergüenza ■ risa ■ ...

Susana, 19 años. Odia sus pecas.

No me gusta que
....

Amy, 14 años. Le gustaría ser rubia.

Probablemente
....

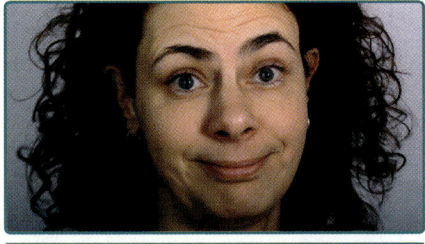

Carmen, 35 años. No se gusta.

Me da igual que
....

Luisa, 20 años. Le horroriza engordar.

Me extraña que
....

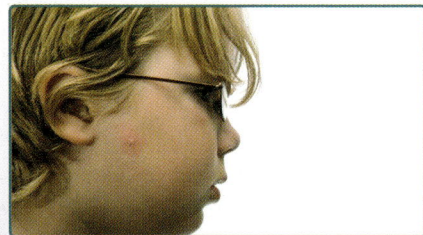

Paula, 8 años. Cree que es fea.

No quiero que
....

Sergio, 18 años. Teme que nadie le quiera.

No me preocupa que
....

1.3.1. Escucha los anuncios anteriores y completa las frases.

1.3.2. Vamos a hacer una campaña por una belleza real. Utiliza las imágenes anteriores para transmitir mensajes positivos. Trabaja con tu compañero.

1.3.3. Escucha los anuncios de tus compañeros y, entre todos, elegid los que más os han gustado.

1.4. ¿Qué necesitas para sentirte bien contigo mismo? Lee la siguiente lista y ordénala según tus opiniones.

[1] Ser amado/a.

[2] Hacer algo que realmente te gusta.

[3] Tener una relación de pareja o un matrimonio sólidos.

[4] Que te guste como te ves en el espejo.

[5] Estar en buena forma física.

[6] Tener un círculo de amigos cercanos.

[7] Tener éxito profesional.

[8] Tener éxito económico.

[9] Recibir elogios de los otros acerca de tu aspecto físico.

[10] Tener una vida espiritual rica.

[11] …

1.4.1. Escucha la lista de tus compañeros. ¿Coincidís en algo?

1.4.2. Si quieres saber tu nivel de autoestima, tu profesor te dirá lo que tienes que hacer.

2 Complejos políticos

2.1. Mira las siguientes imágenes: pertenecen a la novela y posterior película *El baile de la Victoria*. ¿Qué sabes de ellas? Habla con tus compañeros para ver si conocéis los siguientes datos.

Autor: ....

Nacionalidad: ....

Año de publicación: ....

Argumento: ....

....

....

Premios: ....

Director: ....

Nacionalidad: ....

Año: ....

Actores: ....

Argumento: ....

....

....

Premios: ....

2.1.1. Lee la siguiente información sobre *El baile de la Victoria*, marca si se refiere a la película, a la novela, o a ambas y completa los datos anteriores. Pregunta a tu profesor o busca en el diccionario las palabras que no comprendas. Trabaja con tu compañero.

	Novela	Película
1. Fue seleccionada para representar a España en los Oscar de 2010.	☐	☐
2. Tengo muchas ganas de verla. Es española, pero es una historia chilena con actores de España, Chile y Argentina… ¡Qué buena combinación!	☐	☐
3. Obtuvo 9 candidaturas de los premios Goya de la Academia de Cine española, aunque no recibió ningún premio.	☐	☐
4. Ambientada en la época de la llegada de la democracia a Chile, justo cuando el presidente decreta una amnistía general para todos los presos sin delitos de sangre.	☐	☐
5. Finalmente no fue nominada.	☐	☐
6. Y, como ya dije, es para emocionar: un preso sale de la cárcel en el Chile post Pinochet y, mientras intenta recuperar su vida, se encuentra con un ladrón enamorado de una bailarina.	☐	☐
7. Con ella, el chileno Antonio Skármeta ganó el premio Planeta en el año 2003.	☐	☐

2.2. Lee el siguiente pasaje de la novela, en el que un policía (*paco* en lenguaje coloquial chileno) habla con su mujer: ¿a qué hecho político de la historia de Chile hace referencia? Mira la información que te muestra tu profesor, elige la opción correcta y justifica tu respuesta. Habla con tus compañeros.

—Nunca te lo he preguntado antes. A lo mejor es una estupidez, pero necesito saberlo. ¿Tú no te sientes incómoda de estar casada con un *paco*?

—¡Qué cosas dices! Yo no te veo como un policía. Siempre has sido mi marido, Arnoldo. (…) En todas partes del mundo hay policía.

—Pero no en todas partes del mundo los *pacos* hicieron lo de Chile.

—¿Qué quieres decir?

—¡Puchas! Las torturas, las violaciones, los detenidos desaparecidos.

—¿De qué estás hablando? Hace treinta años tú no habías nacido.

2.3. Lee ahora otro pasaje de la novela, en la que Victoria habla con su madre: ¿a qué hecho político de los anteriores hace referencia? Pregunta a tu profesor y busca en el diccionario las palabras que no entiendas.

—Van a matarte, mi amor.

—Se quedó clavada en el tiempo, mamá. Ahora estamos en democracia. No hay lucha. Nadie me puede matar porque nadie dispara para ningún lado. No hay resistencia. No hay terrorismo, no hay lucha armada. No es como en los tiempos del papi.

2.3.1. Dividid la clase en tres grupos y repartid los tres hechos políticos de la actividad 2.2. Buscad información sobre ellos en Internet y preparad una exposición para el resto de vuestros compañeros.

2.4. ¿Qué hechos o acontecimientos internacionales crees que continúan generando algún sentimiento o complejo? Piensa en los siguientes ámbitos: política, historia, música, deportes, sociedad…

3 Tu portafolio

3.1. Completa el siguiente test de evaluación.

1 Escribe el nombre del tiempo del pasado que corresponde a cada uno de estos usos y escribe un ejemplo.

Se utiliza para:	Nombre del tiempo:	Ejemplo:
1. Hablar de hábitos en el pasado.		
2. Contar acciones en el pasado en un tiempo terminado.		
3. Referirnos a una acción pasada anterior a otro pasado.		
4. Narrar acontecimientos.		
5. Hablar de acciones pasadas relacionadas con el presente.		
6. Describir personas, lugares y objetos en el pasado.		

Continúa ▶

7. Hablar de acciones pasadas sin determinar el tiempo.

8. Describir la situación en la que ocurre un acontecimiento.

Dudas o preguntas:

2 Completa estas frases con pretérito perfecto o pretérito indefinido, según corresponda.

[1] ► ¿............................... (estar, tú) alguna vez en París?

▷ Sí, ... (ir, yo) el verano pasado y me .... (encantar).

[2] ► Pues yo ya .... (escribir) un libro y .... (tener) un hijo.

▷ ¡Qué rapidez! Yo todavía no .... (escribir) ningún libro, pero mi hija .... (nacer) el año pasado.

[3] ► ¿Nunca .... (viajar, tú) en avión? No me lo puedo creer.

▷ Es que me da miedo.

[4] Mira, en mi vida .... (ver, yo) muchas cosas, pero ninguna como esta.

[5] ► Me encanta *El Quijote*, es un libro buenísimo, lo .... (leer, yo) dos veces.

▷ Pues yo lo .... (empezar) el año pasado, pero no lo .... (terminar), es demasiado largo.

[6] ► ¿Qué te parece si este año vamos a un *camping* de vacaciones?

▷ La verdad es que .... (ir, yo) pocas veces y la última vez que .... (ir, yo), ... (tener, yo) una mala experiencia.

Dudas o preguntas:

3 Completa el texto con el tiempo del pasado adecuado para cada espacio.

Yo tengo dos hijos gemelos, un niño y una niña. Una vez, cuando .... (1. ser) muy pequeños, ... (2. ir, nosotros) de vacaciones a Portugal. El último día, antes de volver a casa, ... (3. salir, nosotros) de compras. .... (4. estar) dando una vuelta por el centro, cuando .... (5. ver) una banda de música tocando en la calle. .... (6. acercarse) y, como .... (7. tocar, los músicos) tan bien, ... (8. quedarse) un rato escuchando.
Después, ... (9. entrar) en una tienda a comprar algunos regalos. Yo .... (10. pensar) que los niños .... (11. estar) con mi marido y él .... (12. creer) que los niños .... (13. estar) conmigo. Cuando .... (14. darse cuenta, nosotros) de nuestro error, ... (15. ponerse) a buscarlos por la tienda como locos. .... (16. mirar) en todos los rincones, incluso los clientes y empleados de la tienda .... (17. ponerse) a buscar con nosotros, pero los niños no .... (18. estar), parecía que se los .... (19. tragarse) la tierra. .... (20. salir) a la calle y .... (21. ver) que, al lado de los músicos, ... (22. haber) un corro de gente aplaudiendo y riendo. .... (23. acercarse, nosotros): en el centro del grupo nuestros niños .... (24. estar) bailando al son del grupo de música.
¡Nunca en nuestra vida .... (25. llevarse, nosotros) un susto tan grande!

Dudas o preguntas:

4 Lee las siguientes frases, subraya los verbos que van en imperativo y escribe la letra del uso que les corresponde.

> **A. Conceder permiso**   **B. Dar consejos o hacer recomendaciones**

- ☐ **1.** Sí, claro ponlo, pero baja un poco el volumen.
- ☐ **2.** Tómate un poco de suero casero y no comas mucho. Ya verás cómo te sientes mejor.
- ☐ **3.** Si quieres disfrutar de las fiestas nocturnas, ve a Ibiza en verano.
- ☐ **4.** No te quedes solo en casa, llama a algún amigo y sal a tomar algo.
- ☐ **5.** Claro, cógela yo ya la he leído.
- ☐ **6.** Bebe leche caliente con miel: es muy buena para la garganta.
- ☐ **7.** No dejes de visitar el museo de Orsay si vas a París.
- ☐ **8.** Has caminado demasiado con esas zapatillas, mete los pies en agua y se te calmará el dolor.
- ☐ **9.** Bueno, díselo, pero solo a Jaime y a nadie más.
- ☐ **10.** Controla si tu hija vomita y llévala al psicólogo si se niega a comer.
- ☐ **11.** Esa muela te puede provocar una infección así que ve al dentista inmediatamente.
- ☐ **12.** Por supuesto, llévatelo, aquí tienes las llaves y no corras mucho, ¡eh!

Dudas o preguntas:

5 Completa las siguientes frases con *ser* o *estar*.

[1] ¿Quién es la chica que .... sentada al lado de Nicolás?

[2] ► ¿A qué se dedica tu hermana?
▷ .... bióloga pero ahora .... de dependienta en Zara.

[3] La reunión de esta tarde .... en el despacho de Juan.

[4] ¿El CD que .... encima de la mesa .... tuyo?

[5] De pequeña mi hija .... muy tímida pero ahora .... un poquito más abierta.

[6] Beatriz, ¿desde cuándo .... vegetariana?

[7] ¿Qué día .... hoy?

[8] La mesa que .... rota .... la de madera.

[9] .... muy triste porque he terminado el curso de español.

Dudas o preguntas:

6 Completa las siguientes frases con *ser* o *estar* dependiendo del significado del adjetivo.

[1] Parece mentira que este niño tenga 4 años, ... muy despierto, ¿no?

[2] El otro día conocí al novio de mi hermana y me pareció que .... un interesado, no me gustó nada.

[3] ¡Qué orgullosa .... mi madre desde que me ascendieron en el trabajo!

[4] ¿................. tan callado por algo en especial?

[5] María, ha llamado Luis y ha dicho que no viene a trabajar hoy porque .... malo.

[6] ¿............. lista? Es que nos vamos ya.

[7] ¿No te parece que Jorge .... un poco parado? Nunca le apetece hacer nada.

[8] Tenéis que fijaros en los pequeños detalles de la obra, así que .... atentos y completad el cuestionario.

[9] Pero, ¡qué buena .... Alicia, siempre te ayuda cuando lo necesitas!

[10] .... la película más aburrida que he visto en mi vida, y además dura tres horas. ¡Qué horror!

Dudas o preguntas:

7 Completa las siguientes frases con *por* o *para*.

[1] Mañana .... la mañana cojo el avión .... Singapur.

[2] Por favor, mándamelo .... fax.

[3] .... mí, este libro es el mejor de Lorca.

[4] ¡Qué joven está tu abuelo .... la edad que tiene, ¿verdad?

[5] ► ¿Has visto la nueva estación de tren?
▷ Sí, paso todos los días .... allí.

[6] Tengo que ir al centro comercial .... cambiar la camisa .... una talla más.

[7] En la época de rebajas te puedes comprar ropa de muy buena calidad .... la mitad de precio.

[8] No olvides que .... el lunes tienes que entregar el trabajo.

[9] Lo siento, he llegado tarde .... el tráfico.

[10] ► ¿Qué prefieres, ir al cine o a tomar algo?
▷ .... mí, vamos a tomar algo.

Dudas o preguntas:

8 Escribe si las siguientes frases van con futuro imperfecto (*seré*) o futuro perfecto (*habré sido*).

[1] ► ¿Por qué no ha venido Raquel a trabajar?
▷ No sé, seguramente .... (estar) enferma.

[2] ► Qué raro, he quedado con Juan Carlos a las 14.00, son las 14.45 y no ha llegado.
▷ No te preocupes, ... (haber) mucho tráfico.

[3] ¿Dónde .... (poner) las llaves? Es increíble que no me acuerde de dónde las dejé.

[4] ¿Dónde .... (dejar) mi marido la tarjeta de crédito? Pero, ¡qué desastre es!

[5] ► ¿Tienes hora?
▷ No, pero me imagino que .... (ser) las 23.00.

[6] ► ¿Sabes dónde está Andrés?
▷ Pues, no sé, ... (estar) en la reunión.

[7] A mi madre le encanta *Doctor Zhivago*, la .... (ver) por lo menos ocho veces.

[8] ► Oye, esa chica lleva solo un zapato, ¡qué raro!
▷ ¡Ah! El otro lo lleva en la mano, se le .... (romper).

[9] ► ¿............. (Llegar) ya Moisés a Berlín?
▷ El vuelo salía a las 9.30 y son las 12.00, así que probablemente sí.

Dudas o preguntas:

9 Recuerda los usos del presente de subjuntivo que has estudiado hasta ahora y relaciónalos con los siguientes ejemplos. Escribe en la columna derecha de la tabla el uso o razón correspondiente.

Ejemplos:	Usos:
1. No creo que vayan a hacer un nuevo montaje de *Hamlet*.	Opinar
2. Es normal que suban los impuestos de los coches que más contaminan.	
3. Te recomiendo que laves la cebolla antes de cortarla para no llorar.	
4. No me gusta que mi suegro llame a las ocho de la mañana.	
5. Con tu currículo tienes que presentar documentación que demuestre toda esa experiencia.	
6. Me sorprende que los estudiantes de periodismo no hayan estudiado estos temas.	
7. Mira, me da lo mismo que me creas o no.	
8. Cuando termine la universidad, me tomaré un año sabático.	
9. Me pone de buen humor que llegue el verano y los días sean más largos.	
10. ¡Ojalá Manuel nazca sano y fuerte!	
11. Puede que me asuste un poco si alguien se pone enfermo y no hay un médico cerca.	
12. Me cuesta creer que no separes la basura teniendo contenedores tan cerca de tu casa.	

Dudas o preguntas:

10 Completa las siguientes frases con indicativo o subjuntivo según corresponda.

[1] Creo que el Primer Ministro .... (tener) problemas de salud.

[2] Ha habido un problema en *La casa de todos*. Quizá .... (discutir, ellos) por el reparto de tareas.

[3] Es muy atenta, en cuanto le .... (pedir) un favor, hace todo lo posible por ayudarme.

[4] Es increíble que la gente en el metro no .... (dejar) su asiento a las personas mayores y a las embarazadas.

[5] El escritor español que .... (morir) al principio de la Guerra Civil se llamaba Federico García Lorca.

[6] Es verdad que los programas de telerrealidad no .... (tener) ninguna calidad intelectual.

[7] Cuando .... (nacer) Manuel, saldré a pasear todos los días con él.

[8] Los jóvenes que .... (querer) solicitar la beca deben tener el primer curso de carrera totalmente acabado.

[9] No me parece que en general los periódicos .... (ser) objetivos.

[10] A lo mejor .... (ir) a Egipto de vacaciones.

Dudas o preguntas:

3.2. ✎ **Realiza tu muestra para el dosier del portafolio, que constará de:**

[1] **el test de autoevaluación;**

[2] **una reflexión sobre el resultado del test;**

[3] **una reflexión de cómo te has sentido, qué te ha parecido la tarea, etc.**

Para acceder a la primera fase, el interesado debe rellamara a un teléfono con la única condición de ser mayor de edad. A partir de ahí los responsables de casting entienden que hay un equipo de psicólogos y convocan a los candidatos para someterlos a diferentes pruebas.

En el proceso de selección hay dos tipos de pruebas que eliminan aun gran número de candidatos.

1. **Prueba en grupo:** se analiza la personalidad, los hábitos y afinidades para seleccionar a aquellas personas que, además de tener facilidad para relacionarse, demuestran autonomía y madurez emocional. Por ejemplo, un miembro del equipo plantea situaciones a las que tiene que reaccionar un candidato elegido por el director de manera aleatoria. Es importante la rapidez en la respuesta.

2. **Entrevista personal:** se tienen en cuenta las circunstancias personales y actuales del candidato y se mide la resistencia a la tensión que pueden producir determinadas situaciones en el concurso. Según la lógica así like y posee una habilidad se ve ...

Unidad 5

48
[cuarenta y ocho]

Etapas

Libro de ejercicios

Etapa 9
Portafolio

Nivel

B1.4

© Editorial Edinumen, 2011.
© Equipo Entinema: Beatriz Coca del Bosque, Anabel de Dios Martín, Sonia Eusebio Hermira, Elena Herrero Sanz, Macarena Sagredo Jerónimo.
   Coordinación: Sonia Eusebio Hermira.
© Autoras de este material: Beatriz Coca del Bosque, Elena Herrero Sanz, Macarena Sagredo Jerónimo.

Coordinación editorial:
Mar Menéndez

Diseño y maquetación:
Carlos Yllana

Fotografías:
Archivo Edinumen

Editorial Edinumen
José Celestino Mutis, 4.
28028 Madrid
Teléfono: 91 308 51 42
Fax: 91 319 93 09
e-mail: edinumen@edinumen.es
www.edinumen.es

Índice de contenidos

Las soluciones y transcripciones de los ejercicios puedes consultarlas en **www.edinumen.es/eleteca**

Unidad I

Un *casting*

I.I. **Relaciona las dos columnas.**

1. telenovela .... •
2. serie .... •
3. concurso .... •
4. gala .... •
5. concursante .... •
6. audiencia .... •
7. zapear .... •
8. cadena .... •
9. programa de *telerrealidad* .... •
10. *casting* .... •

a. pruebas, preguntas
b. género televisivo, personas reales
c. persona, responder preguntas
d. espectadores, programa
e. historia, capítulos, diariamente
f. episodios, semanalmente
g. emitir, programas
h. selección, participantes o actores
i. celebración, especial
j. cambiar, canal

I.I.I. **Escribe una definición para cada una de las palabras del ejercicio anterior.**

1. ....
2. ....
3. ....
4. ....
5. ....
6. ....
7. ....
8. ....
9. ....
10. ....

I.2. **Completa la tabla con las palabras del cuadro.**

PEL ■ Dosier lingüístico ■ Pasaporte de lenguas ■ Biografía lingüística

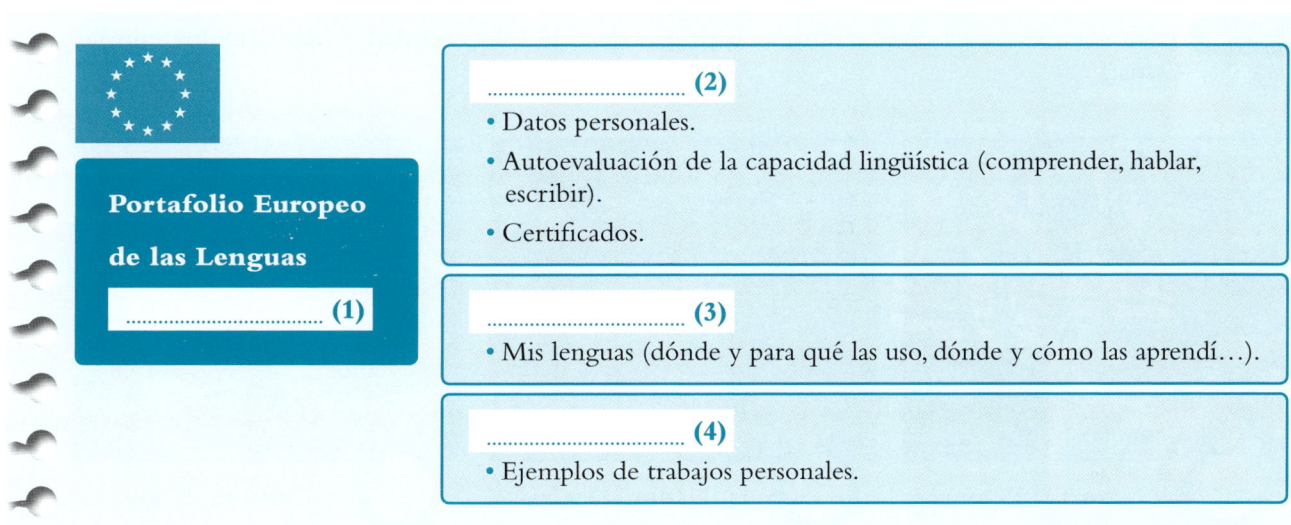

Portafolio Europeo de las Lenguas

.... (1)

.... (2)
- Datos personales.
- Autoevaluación de la capacidad lingüística (comprender, hablar, escribir).
- Certificados.

.... (3)
- Mis lenguas (dónde y para qué las uso, dónde y cómo las aprendí…).

.... (4)
- Ejemplos de trabajos personales.

1.3. Estos son algunos diálogos extraídos del programa *La casa de tu vida*. Relaciona las preguntas con su respuesta.

1. ¿Os importa que friegue luego? Es que me quiero tumbar un rato.

2. ¿Te importaría dejar de hacer ruido? ¿Es que no te das cuenta de que nos molestas a todos?

3. ¿Te importa hacer la limpieza hoy por mí? Es que me duele mucho la espalda.

4. ¿Os molesta que ponga música mientras cenamos? Es que tengo la costumbre de escucharla mientras como.

5. ¿Te importaría cambiar de canal? Odio esta serie.

6. ¿Te molesta que cierre la ventana por la noche? Es que no puedo dormir.

7. ¿Te importa darme un masaje de esos estupendos que solo tú sabes dar?

a. Pues lo siento, pero es mi favorita y quiero verla.

b. Claro, échate y después lo haces.

c. Lo siento, pero es que hace demasiado calor.

d. Vale, ahora voy.

e. Bueno, tampoco es para ponerse así, intentaré no hacer tanto ruido.

f. Por supuesto, no te preocupes que yo la hago.

g. Claro que no, ponla, ponla.

1. ....; **2.** ....; **3.** ....; **4.** ....; **5.** ....; **6.** ....; **7.** ....

1.3.1. Di si las preguntas del ejercicio anterior son un permiso o un favor y si las respuestas son afirmativas o negativas.

Preguntas	Permiso/Favor	Respuestas	Afirmativa/Negativa
1.		a.	
2.		b.	
3.		c.	
4.		d.	
5.		e.	
6.		f.	
7.		g.	

1.4. Escucha a estos ex concursantes de programas de telerrealidad e identifícalos con las fotos.

[16]

Mario, 28 años.

Nadia, 35 años.

Ramón, 27 años.

Vuelve a escuchar la audición y escribe al lado de cada una de estas frases el nombre de la persona que las dice.

[16]

	Nombre
1. Siente cansancio del mundo del espectáculo.	
2. Estuvo mucho tiempo encerrado en casa sin querer ver a nadie y sin parar de llorar.	
3. En su barrio la gente le insultaba por la calle.	
4. Un día encendió el ordenador y vio la palabra *gay* en el salvapantallas.	
5. Después de un programa de televisión, te cuesta trabajo volver a la realidad.	
6. Su padre ha conseguido ganar mucho dinero a costa de su hijo.	
7. No se queja porque gracias al dinero que ganó ahora tiene varios negocios y una casa.	
8. Estaría dispuesto a ir a cualquier programa de la tele.	
9. Nadie le quiere dar trabajo.	
10. Piensa que en el mundo de la fama no todo es bueno.	

1.5. **Completa las frases con el verbo adecuado, utilizando la estructura *se* + verbo en tercera persona del singular/plural para saber cómo se construye un programa de testimonios (*talk-show*).**

> animar ■ seleccionar ■ hacer aparecer ■ elegir ■ considerar
> permitir ■ proponer ■ convocar ■ dar la palabra ■ impedir

1. .... a la audiencia que llame a un teléfono para exponer un conflicto que tiene con algún vecino.

2. .... las situaciones más escandalosas.

3. De entre todas ellas, ... la más impactante para la audiencia (se enfadaron a muerte porque no le devolvió el tomate que le había pedido prestado).

4. Por separado, ... a los dos participantes.

5. .... al más polémico para que exponga la situación de forma dramática.

6. .... por sorpresa al segundo vecino para que dé su punto de vista.

7. .... insultos y descalificaciones con la esperanza de elevar la audiencia.

8. En ocasiones no .... que lleguen a las manos.

9. Finalmente, ... que es el momento de la reconciliación .... a que intenten llegar a un acuerdo.

1.6. **Lee el texto y relaciona cada palabra con su definición.**

¿La "realidad" de la tele?

En unos pocos años, la telerrealidad ha pasado de ser un fenómeno sociológico a convertirse en nuestra compañera cotidiana. Este tipo de programas se emite en la mayoría de las cadenas españolas.

El espectáculo de la vida en directo, además de audiencias millonarias, proporciona contenidos baratos que utilizan varios programas en todas las franjas horarias, así como nuevos

personajes a un módico precio dispuestos a fingir amores y rupturas, dejarse insultar o pegar gritos para subir la audiencia.

Los jóvenes protagonistas son fotogénicos, narcisistas y desinhibidos. Para la mayoría el *reality* es solo una plataforma de éxito social. Más que ganar el premio millonario, buscan triunfar en la vida; ser "alguien". Si añadimos los familiares y amigos que los apoyan desde el plató, la cifra supera el millar de personas. Nunca la tele engendró tantos nuevos famosos que duraran tan poco.

Adaptado de *elmundo.es*

1. franja horaria ....•	**a.** Lugar donde se graban los programas.
2. módico precio ..•	**b.** Simular, hacer real algo que es falso.
3. fingir ....•	**c.** Generar, reproducir.
4. ruptura ....•	**d.** Que sale bien en las fotos.
5. fotogénico/a .....•	**e.** Bajo valor.
6. narcisista ....•	**f.** Persona sin vergüenza, capaz de hacer cualquier cosa.
7. desinhibido/a ...•	**g.** Momento del día en que se emite un programa.
8. plató ....•	**h.** Persona que se admira a sí misma.
9. engendrar ....•	**i.** Relación que se rompe.

I.6.I. **Busca en el texto anterior sinónimos de estas palabras y haz una frase con cada una de ellas.**

1. Gritar: ....

2. Diaria/o: ....

3. Mil personas: ....

4. Tener éxito: ....

5. Salir un programa en televisión: ....

I.7. **Relaciona las expresiones con el modo del verbo con el que se construyen.**

	a. indicativo	**b.** subjuntivo	**c.** indicativo y subjuntivo
1. tal vez	O	O	O
2. es posible que	O	O	O
3. posiblemente	O	O	O
4. seguro que	O	O	O
5. a lo mejor	O	O	O
6. puede que	O	O	O
7. quizás	O	O	O
8. seguramente	O	O	O
9. supongo que	O	O	O

I.8. **Completa las siguientes frases con el verbo entre paréntesis en indicativo o subjuntivo.**

1. Probablemente en una situación de estrés el concursante no .... *(saber)* reaccionar.

2. A lo mejor los candidatos .... *(tener)* que repetir otra vez la prueba para saber quién es el ganador.

3. Es probable que los participantes del concurso no .... *(poder)* hacer lo que se les pide.

4. Tal vez los primeros programas de *telerrealidad* .... *(tener)* más audiencia que en la actualidad.

5. Es posible que al finalizar el programa muchos concursantes .... *(seguir)* apareciendo en programas de televisión.

1.9. Escucha la conversación y completa las hipótesis de las dos personas que hablan.

[17]

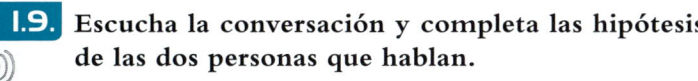

Hipótesis de Juan

1. Es probable que ....

2. Puede que ....

3. Quizás ....

4. A lo mejor ....

Hipótesis de Juana

1. Seguro que ....

2. Probablemente ....

3. Supongo que ....

1.10. Completa el siguiente cuestionario con tus posibles respuestas. Imagina que...

1. Tus amigos te hacen una broma pesada que no te gusta.
   a. Seguramente me enfade con ellos.
   b. Quizás ....

2. Ves a una persona robando en un supermercado.
   a. A lo mejor aviso al guardia de seguridad.
   b. Supongo que ....

3. Te quedas atrapado/a en un ascensor.
   a. Es posible que me ponga a gritar.
   b. Seguro que ....

4. Te caes delante de mucha gente.
   a. Posiblemente me pongo rojo/a.
   b. Tal vez ....

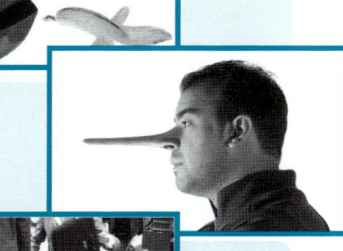

5. Un amigo te miente.
   a. Supongo que le pregunto por qué lo ha hecho.
   b. Quizás ....

6. Ves a un grupo de gente peleándose cerca de ti.
   a. Probablemente me vaya para no verlo.
   b. A lo mejor ....

7. Te encuentras un teléfono móvil.
   a. Es probable que llame a alguno de los contactos del teléfono para podérselo devolver a la persona.
   b. A lo mejor ....

Unidad 2

Una boda

2.1. **Elije la opción correcta en cada frase.**

1. ► ¿Hay .... estudiante de Alemania en esta clase? Es que necesito ayuda con la traducción de un documento en alemán.

        a. algún   **b.** alguien   **c.** algo

  ► No, no hay .... de Alemania.

        d. ningún   **e.** algún   **f.** nadie

2. ► Laura, ¿tienes .... camisa de vestir blanca? La necesito para ir a una entrevista de trabajo y ponérmela con el traje gris.

        a. algo   **b.** algunas   **c.** alguna

  ► Lo siento, pero no tengo .... blanca, tengo beis y azul.

        d. nada   **e.** ninguna   **f.** alguna

3. ► Tengo que ir al supermercado esta tarde urgentemente, ¡no tengo .... en la nevera!

        a. nada   **b.** algo   **c.** ninguna

4. ► ¿............................... sabe qué le ha pasado a Marta? Hoy no ha venido a trabajar.

        a. Alguien   **b.** Ninguno   **c.** Algunos

  ► ¿No ha venido? ¡Qué raro! Seguro que le ha pasado .... serio, ella es muy responsable.

        d. nada   **e.** ningún   **f.** algo

5. ► Deberíamos resolver .... temas que tenemos pendientes. ¿Quedamos mañana para hablar?

        a. algún   **b.** algunos   **c.** ningunas

  ► De acuerdo, mañana nos vemos.

6. ► No he encontrado a .... fontanero disponible para que me arregle la bañera.

        a. ninguno   **b.** alguno   **c.** ningún

  ► ¡Vaya! pues no te puedo ayudar, no conozco a ....

        d. ninguno   **e.** alguno   **f.** ningún

7. ► ¿Has estado alguna vez en .... país de Asia?

        a. alguno   **b.** ninguno   **c.** algún

  ► No, en ...., pero quiero ir a China, dicen que es una maravilla.

        d. ninguno   **e.** ningún   **f.** nunca

8. ► No creo que .... te pueda ayudar, es algo que tienes que decidir tú solo.

      a. alguno   **b.** ningún   **c.** nadie

9. ► Estoy buscando piso y no encuentro .... barato en el centro.

      a. nadie   **b.** ninguno   **c.** alguno

2.2. Relaciona la columna de palabras y expresiones del lenguaje juvenil con su significado y la categoría adecuada.

Palabras y expresiones del lenguaje juvenil	Significado	Categoría
1. Pues no sé, creo que estas vacaciones las pasaré con la **family.**	**a.** Ordenador.	
2. Mañana son las fiestas de mi **fácul**, ¿queréis venir?	**b.** Dinero.	
3. Se me ha estropeado el **ordenata** y no puedo conectarme a Internet.	**c.** Vegetariano/a.	
4. ¿Te vienes este finde a la playa? Vamos a ir todos los **colegas**.	**d.** Compañeros, colegas.	**A.** Creación de sufijos.
5. Estoy harta de mis padres, son unos **retros**, además tienen un *look* totalmente pasado de moda.	**e.** Familia.	
6. ¿Me dejas algo de **money**? Es que no tengo para el bocata.	**f.** Tener fantasías, imaginaciones absurdas sobre un tema, pensar sin coherencia.	**B.** Acortamientos. **C.** Extranjerismos.
7. El otro día hablé con Ali, dice que está enamoradísima de Roberto. Y todo porque la ha llamado dos veces, yo creo que **se ha montado una película** ella sola.	**g.** Amigos.	**D.** Cambios semánticos.
8. He estado esta tarde dos horas en el gimnasio y me duele todo el **body**.	**h.** Facultad.	
9. ¿Sabías que Ander es **vegeta**? No come carne desde los 18 años.	**i.** Retrógrado. Con ideas propias de tiempos pasados.	
10. ¿Qué tal tus **compis** de trabajo? ¿Son majos?	**j.** Cuerpo.	

1. ....   **2.** ....   **3.** ....   **4.** ....   **5.** ....   **6.** ....   **7.** ....   **8.** ....   **9.** ....   **10.** ....

....

2.3. Sustituye las palabras destacadas de estas frases por palabras y expresiones usadas en la jerga juvenil.

1. Ayer conocí a mi nuevo **compañero** de clase, parece majo. ....

2. ► ¿Qué haces mañana por la tarde? ¿**Te apetece** ir al cine? ....
   ▷ No puedo, es que tengo que ir a la **facultad** para hablar con un profesor. ....

3. Creo que hoy comeré un **bocadillo**, casi no tengo **dinero**. ....

4. ► ¿Qué te pasa? ¡**Tienes mala cara**! ....
   ▷ No sé, estoy **deprimido**. ....
   ► Yo creo que lo que necesitas es cambiar un poco. ¿Por qué no te vas el **fin de semana** a algún sitio? ....

5. ► Al final, ¿te has comprado el **ordenador**? ....
   ▷ Claro, y no veas qué bien va.

6. ► Cada día que pasa me veo con menos **estilo**, más fea, con el pelo mal… ....
   ▷ Bueno, **tranquila**, a lo mejor lo que necesitas es un cambio de **imagen**. ....

7. No soporto a Alejandro, siempre **habla demasiado y hace el ridículo** allá donde vaya. ....

8. Han abierto un restaurante **vegetariano** en el centro, toda la comida está hecha de productos orgánicos y además es muy barato, ¿vamos un día? ....

9. No sé, a lo mejor es una **fantasía o no pienso con coherencia**, pero es que he hecho tan bien la entrevista de trabajo que yo creo que me contratan. ....

2.4. Completa estas frases poniendo los verbos que están entre paréntesis en presente o pretérito perfecto de indicativo o subjuntivo según corresponda.

1. Creo que los jóvenes de hoy en día no .... (*asumir*) muchas responsabilidades.

2. No creo que independizarse de los padres .... (*ser*) más difícil que antes.

3. Es probable que la sociedad .... (*cambiar*) mucho en los últimos años.

4. Es probable que .... (*despedir*) a Marta de su trabajo, la he notado muy nerviosa y muy disgustada.

5. Es posible que .... (*aceptar*) el trabajo, me hacen un contrato indefinido y me pagan más que en el que estoy ahora.

6. Creo que Raquel .... (*estar*) embarazada.

7. Desde que salí de casa de mis padres es posible que .... (*vivir*) en unos diez pisos diferentes de alquiler.

8. Es probable que .... (*casarnos*) este año, tenemos muchas ganas de hacerlo.

9. No creo que .... (*estar, tú*) preparado para un cambio tan grande en tu vida.

10. A lo mejor Ángel ya .... (*madurar*), no sé, lo veo más centrado.

11. No creo que .... (*poder*) ir contigo mañana, estoy muy ocupado.

12. Es muy probable que Juan .... (*estar*) de vacaciones, está muy moreno y lo veo muy relajado.

Completa estas frases con los verbos que están entre paréntesis y responde a las preguntas del test.

¿Estás preparado para la vida adulta?

1. Cuando .... *(surgir)* un problema en tu trabajo,

  O **a.** ¿culparás a tus compañeros por no ser capaces de realizar bien el trabajo?
  O **b.** ¿asumirás tu responsabilidad?

2. Cuando .... *(tener)* arrugas en la piel,

  O **a.** ¿te deprimirás y harás cualquier cosa para disimularlas?
  O **b.** ¿lo aceptarás como una señal normal del paso del tiempo?

3. Cuando .... *(enfrentarse)* a una situación difícil de la vida cotidiana,

  O **a.** ¿perderás los nervios?
  O **b.** ¿buscarás una posible solución sin frustrarte?

4. Cuando tu pareja .... *(querer)* un compromiso más serio, casarse, vivir en pareja, etc.,

  O **a.** ¿tendrás miedo de asumir ese compromiso?
  O **b.** ¿lo aceptarás puesto que es algo que también quieres?

5. Cuando .... *(cumplir)* años,

  O **a.** ¿preferirás que nadie se acuerde ni te felicite?
  O **b.** ¿celebrarás cada año cumplido?

6. Cuando .... *(haber)* cambios no deseados en tu vida,

  O **a.** ¿te enfadarás con el mundo porque las cosas no son como tú esperabas?
  O **b.** ¿los aceptarás e intentarás sacar algo positivo de ellos?

7. Cuando tu pareja te .... *(plantear)* la posibilidad de tener familia,

  O **a.** ¿saldrás corriendo?
  O **b.** ¿estarás encantado/a?

8. Cuando no .... *(poder)* salir con tus amigos debido a las responsabilidades laborales, personales,

  O **a.** ¿te dará lo mismo, porque salir con los amigos es lo primero?
  O **b.** ¿cumplirás con tus obligaciones?

Resultados del test

Mayoría de respuestas a

Todavía tienes que madurar un poco y entender que en la vida hay que pasar por diferentes etapas, deberías saber que, cuando se llega a la edad adulta, hay que asumir ciertas responsabilidades.

Mayoría de respuestas b

Eres una persona con las ideas claras y un grado alto de madurez, estás más que preparado para dar el salto a la vida adulta, pero ¡relájate! De vez en cuando estará bien cometer una locura, esto te rejuvenecerá.

2.6. **¿Cuándo crees que harás estas cosas? Completa estas frases con tus respuestas.**

1. Cambiaré mis hábitos cuando ....

2. Me compraré una casa cuando ....

3. Volveré a mi país cuando ....

4. Iré de vacaciones cuando ....

5. Hablaré español perfectamente cuando ....

6. Cambiaré de trabajo cuando ....

7. Dejaré de celebrar mi cumpleaños cuando ....

8. Tendré hijos cuando ....

9. Romperé una promesa que he hecho cuando ....

10. Dejaré de practicar alguna de mis aficiones cuando ....

2.7. **Escucha y ordena quién está hablando en cada caso. Escribe el número (1.º, 2.º, 3.º) al lado del nombre.**
[18]

Mara   Azucena   Marce

2.7.1. **Vuelve a escuchar y responde a las preguntas.**
[18]

a. ¿Cómo era su vida cuando era joven o más joven? ¿Qué responsabilidades tenía?

Azucena ....
....
....

Marce ....
....
....

Mara ....
....
....

b. ¿Cómo es su vida actual? ¿Qué responsabilidades tiene?

Azucena ....

....

....

Marce ....

....

....

Mara ....

....

....

c. ¿Cómo cree que será su vida cuando tenga diez años más?

Azucena ....

....

....

Marce ....

....

....

Mara ....

....

....

2.7.2. **Escribe un texto explicando cómo era tu vida hace unos años, qué planes tenías, cómo es tu vida ahora y cómo crees que será cuando tengas diez años más.**

Unidad 3

Una revista de cotilleos

3.1. Lee las siguientes afirmaciones de la revista *Lecturas* y escribe si son verdaderas o falsas en la columna de la izquierda, según tu opinión.

Antes de leer			Después de leer	
V	**F**		**V**	**F**
○	○	**1.** El primer número de la revista *Lecturas* costaba menos de una peseta.	○	○
○	○	**2.** Empezó siendo una revista literaria.	○	○
○	○	**3.** Solo se dejó de publicar en 1936 por el inicio de la Guerra Civil española.	○	○
○	○	**4.** Empezó publicándose una vez al mes.	○	○
○	○	**5.** El rey de España, don Juan Carlos de Borbón, protagonizó una de sus portadas con motivo del intento de golpe de estado de 1981.	○	○
○	○	**6.** Todas las portadas han sido de famosos.	○	○

3.1.1. Comprueba la información y escribe la respuesta en la columna de la derecha.

Lecturas es una de las revistas del corazón más importantes de la prensa española. Nació en 1921 como suplemento de la revista *El hogar y la moda* y costaba 1,30 pesetas. Después de cinco años empezó a editarse independientemente como revista cultural y solo se vio interrumpida su publicación durante los años de la Guerra Civil española.

Desde 1956, fecha en la que aparece la televisión española, la publicación pasa de mensual a quincenal (actualmente es semanal), y comienza a centrarse en personajes popularizados por la pequeña pantalla y que van apareciendo en sus portadas. Destacan:

- Los príncipes Juan Carlos y Sofía de Grecia, cuya foto apareció ocho meses antes de su boda, con motivo de la petición de mano.

- El hijo oculto del cantautor catalán Serrat. Por respeto a su intimidad, se guardó el secreto de su nacimiento hasta que en 1974 el cantante permitió dar en exclusiva la gran noticia.

- La foto del nacimiento de "Paquirrín", nombre con el que la revista bautizó al hijo de la cantante Isabel Pantoja y del torero Paquirri, y con el que se le conoce en la actualidad.

- El monarca español apareció en portada en 1981 con motivo del golpe de estado que amenazó la joven democracia. La portada fue el agradecimiento por su tranquilidad y saber estar.

Pero no todas las portadas se dedicaban a personajes del mundo de la cultura y el espectáculo, de hecho, una de las ediciones más vendidas fue la dedicada al primer bebé probeta de España.

En la actualidad, *Lecturas* es una de las revistas más influyentes y con mayor tirada de nuestro país y la única, hasta el momento, que ha conseguido una entrevista de la Reina Sofía.

3.2. Escribe el sustantivo correspondiente a estas características de la prensa generalista al lado del adjetivo del que proceden.

1. Veraz: ....

2. Próxima: ....

3. General: ....

4. Actual: ....

5. Claro: ....

6. Inmediato: ....

3.3. Completa los siguientes titulares de revistas del corazón con las palabras necesarias del siguiente cuadro. ¡Atención! Sobran dos palabras.

> exclusiva ■ rumor ■ montaje ■ *paparazzi*
> frivolidad ■ posado ■ fotos robadas ■ cotilleo

1. El cantante J. L. recibió por su última .... 100 000 euros.

2. Un .... ha sido condenado a pagar una multa cuantiosísima por sacar fotos de la actriz P. B. en un lugar privado.

3. P.E. gana el juicio a la revista *¡No me digas!* por publicar unas .... suyas.

4. N.D. hace su tradicional .... al comienzo de sus vacaciones veraniegas ante cientos de periodistas en su casa de Marbella.

5. E.H. desmiente el .... de que está embarazada y amenaza con demandar al periodista que lo publicó.

6. Escandaloso .... de la diva del cine de los años 70.

3.3.1. Relaciona los siguientes textos con los titulares anteriores.

a. La musa del corazón comienza el verano con su lluvia de *flashes* en su mansión de lujo, tal y como nos tiene acostumbrados. Este año ha declarado que será el último porque "a pesar de recibir a toda la prensa en mi casa, después me siento perseguida durante todas mis vacaciones".

b. La revista *¡No me digas!* paga un dineral al autor de *Te estoy amando* por el reportaje de su boda con la actriz P. E. En los círculos periodísticos se comenta que se ha pactado la boda y el anuncio de su primer hijo en el mismo paquete.

c. Ayer, en los juzgados de Madrid, hubo una gran expectación por saber el veredicto contra el caso del *paparazzi* que publicó las fotos de la modelo de la marca T.M. Ella estaba haciendo un reportaje en las playas de Menorca y él le hizo las fotos escondido detrás de una casa.

d. El cotilleo que circulaba por todas las redacciones le ha costado caro al periodista J.L.T. que se atrevió a comentarlo en directo en su programa de las tardes. Al día siguiente, el programa recibió un comunicado en el que se desmentía por completo la información y se instaba al periodista a comparecer en los juzgados.

e. Ya no va a ser tan fácil publicar fotos hechas dentro de las casas de los famosos sin su permiso después de la multa impuesta al periodista J.M. El juez declaró que "espera que sirva de escarmiento a todos los profesionales que persiguen a los famosos y no respetan su intimidad".

f. Para promocionar su última película, S.M. no ha dudado en planificar una boda falsa en las paradisíacas playas del Caribe. Al "enlace" asistieron varios amigos de la actriz que después no quisieron hacer declaraciones.

3.4. Escucha la entrevista y completa las partes *a*, *b* y *d* del siguiente cuadro.

[19]

	a. A favor de las revistas del corazón	**b. En contra de las revistas del corazón**	**c. Razones**	**d. Famoso que más le gusta**
1.				
2.				
3.				
4.				

3.4.1. Vuelve a escuchar la entrevista y completa la parte *c* del cuadro.

3.5. Lee el siguiente texto y complétalo con las palabras del cuadro.

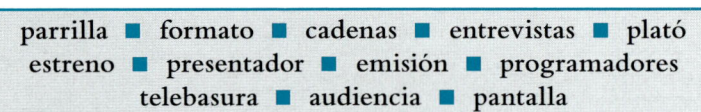

parrilla ■ formato ■ cadenas ■ entrevistas ■ plató
estreno ■ presentador ■ emisión ■ programadores
telebasura ■ audiencia ■ pantalla

Uno de los primeros programas de televisión dedicado al mundo de los famosos con un .... **(1)** novedoso fue *Tómbola,* producido por la cadena autonómica de la Comunidad valenciana y emitido por Canal Nou y Telemadrid.

Tómbola estaba dirigido por un .... **(2)**, y cinco periodistas realizaban .... **(3)** a personajes relevantes de la vida social y artística del país. La novedad fue que todas las preguntas realizadas eran sobre aspectos de la vida privada del entrevistado, en algunos casos, rozando lo escabroso.

El programa fue muy polémico desde su comienzo, de hecho, en la primera emisión la hija mayor de Julio Iglesias abandonó el .... **(4)** en plena entrevista diciendo: "Me voy, me da vergüenza tu programa y esta gente (refiriéndose a los periodistas) es gentuza".

Solamente un mes después de su .... **(5)** se debatió en el Consejo de Administración de Telemadrid la conveniencia de la .... **(6)** del programa recalcando que estaba financiado con dinero
público. Los representantes de los partidos políticos de la oposición, PSOE e Izquierda Unida, se mostraron
sumamente críticos con el espacio, al que calificaron de .... **(7)** e inadecuado para formar parte
de la .... **(8)** de una televisión pública.

Por el contrario, las cifras de .... **(9)** animaron a los .... **(10)** a conservar el espacio.
Por ejemplo, en Telemadrid la media de cuota de .... **(11)** alcanzó el 27%.

En junio de 1997, la cuestión llegó incluso a ser debatida en la Asamblea de Madrid, y un parlamentario
de Izquierda Unidad lo calificó como "un programa que rebaja la dignidad humana". Después de distintas
críticas por parte de políticos de diferente ideología, por los escándalos que se sucedieron y por el aumento
de programas dedicados al corazón en otras .... **(12)**, dejó de emitirse en 2001 en Telemadrid
y en 2004 en el Canal Nou.

3.6. **Escribe los verbos del recuadro en el lugar adecuado. Utiliza el presente o el pretérito perfecto de subjuntivo.**

> alcanzar ■ tener (2) ■ decir ■ haber ■ comprender ■ vender ■ protestar ■ saber

1. No puedo creer que .... famosos que hacen montajes para obtener más dinero.

2. A mí me da igual la vida privada de la gente y, por supuesto, me da lo mismo que un cantante
.... una o doscientas novias.

3. Me cuesta creer que hasta ahora ningún periodista .... por la invasión de programas del
corazón en la televisión española.

4. Es raro que este tipo de prensa .... éxito si, según la mayoría de los españoles entrevis-
tados, casi nadie lee estas "noticias".

5. Me sorprende que A. C. .... la exclusiva de su boda hace unos días si él siempre decía
que jamás lo haría.

6. Me da lo mismo lo que vosotros ...., yo compro un par de revistas de cotilleo al mes
y me las leo de arriba abajo. Es una forma de tener tema de conversación en el trabajo, no puedo
entender que no lo ....

7. A los intelectuales les llama la atención que la prensa rosa .... tanta tirada en los últimos años, pero ellos no entienden que lo que la gente quiere es olvidarse un poco de sus problemas
y hablar de temas intrascendentes.

8. ¿No os sorprende que .... más de la vida de los famosos que de la de nuestros propios
amigos?

3.6.1. **Di si en las opiniones del ejercicio anterior se expresa sorpresa o extrañeza, incredulidad
o indiferencia.**

1. *incredulidad* ....

2. ....

3. ....

4. ....

5. ....

6. ....

7. ....

8. ....

3.7. Expresa indiferencia, sorpresa o incredulidad ante los cuatro calificativos que Lidia Berruguete usó para criticar a la prensa generalista.

1. Objetividad:
No puedo creer que la prensa generalista sea del todo objetiva, ningún periodista puede ser cien por cien imparcial.

2. Sensacionalismo:

3. Titulares engañosos:

4. Tendencioso:

3.8. Clasifica las siguientes críticas en la tabla.

A. Prensa rosa	B. Prensa generalista

1. No es tan veraz y objetiva como se cree.

2. No respeta el derecho de todo ciudadano a su privacidad.

3. En ocasiones utiliza titulares muy sensacionalistas para llamar más la atención sobre el lector.

4. Tiende a ser un poco aburrida.

5. A veces podemos dudar de su veracidad.

6. El lenguaje que utiliza no llega a las clases más populares de la sociedad.

3.9. Relaciona los elementos de las dos columnas.

1. Expresar sorpresa ....•   **a.** ¡Bah! ■ Me da igual ■ No me importa

2. Expresar extrañeza ......•   **b.** ¡Qué raro!

3. Expresar incredulidad .•   **c.** ¿En serio? ■ ¿De verdad? ■ ¿Ah sí? ■ ¡Qué sorpresa!

4. Expresar indiferencia ..•   **d.** ¡No me lo puedo creer!

3.10. Utiliza los elementos de la columna de la derecha del ejercicio anterior y reacciona ante esta información.

1. Una conocida artista asidua de las revistas del corazón mantiene una relación con un político conocido para crear polémica y conseguir vender una exclusiva.

....*¡No me lo puedo creer!* ....

2. Una marca de lencería está comercializando un sujetador que sirve además de mascarilla en caso de catástrofe nuclear.

....

3. Se estima que para el 2030 los jubilados no podrán cobrar pensiones porque no habrá suficiente dinero para todos.

....

4. La pasada semana se descubrió que el conocido periodista J.P. guardaba muchas fotos comprometidas de varios cantantes que nunca llegó a utilizar.

....

5. Tras diez años de investigaciones, descubre que su hijo adoptivo es en realidad su hermano.

....

6. Parece ser que en diez años desaparecerá la prensa rosa.

....

3.11. Completa el debate siguiendo las instrucciones que te damos.

1. ► La prensa rosa para mí no es periodismo serio porque el periodista tiene la misión de informar y ser objetivo y, en mi opinión, la vida de la gente famosa no es información relevante.

▷ *(Reacciona mostrando acuerdo parcial)* ....
....
....

2. ► Sí, vale, llevas razón, pero la mayoría de los ciudadanos queremos estar informados sobre política, economía, cultura, ocio… y el cotilleo es algo que se puede practicar en el portal de tu casa y no en un periódico.

▷ *(Pide el turno de palabra y muestra tu desacuerdo con la opinión anterior)* ....
....
....

3. ► Estoy de acuerdo, pero debemos evitar que la prensa amarilla acabe imponiéndose al periodismo "serio".

▷ *(Reacciona mostrando acuerdo parcial)* ....
....
.... y…

4. ► Pero, ¿lo dices en serio?

▷ *(Reacciona y no permitas que te interrumpa)* ....
....
....

3.12. Completa el texto con las palabras del cuadro.

es decir ■ además ■ en conclusión ■ en primer lugar
por un lado/otro lado ■ en resumen ■ en segundo lugar

A la hora de organizar la información de la parte central del texto, el desarrollo de las ideas, podemos utilizar los siguientes conectores:

.... (1)

Para apoyar un argumento usamos el conector: .... (2) y para reformular una información: .... (3). Finalmente, para la conclusión podemos usar:

.... (4).

3.12.1. Ordena los párrafos del siguiente texto de manera lógica. Fíjate en los conectores de la argumentación que se utilizan.

En contra de la prensa gratuita

1 En España, como en muchos otros países europeos, estamos en la fase final de consolidación de la prensa de distribución gratuita. Lo que empezó como un experimento anecdótico hace una década se ha convertido en una plaga amenazadora para la libertad de expresión a favor del pensamiento único. Actualmente, se pueden encontrar un sinfín de periódicos y diarios gratuitos en bares, tiendas, salidas de metro… Al tándem inicial formado por *20 minutos* y *Metro* se le han unido otros como *Qué!* y *ADN*.

☐ En conclusión, podemos decir que la prensa gratuita obedece a oscuros intereses de pensamiento único. De ahora en adelante pueden hacer como yo, cuando les den un diario gratuito digan que no aceptan sobornos de desconocidos.

☐ Por otro lado, está la cuestión de su distribución gratuita. ¿Por qué tenemos que cogerlos? ¿Solo por ser gratuitos? Primero de todo, a mí me molesta que en la salida del metro haya hasta tres personas atiborrándote de periódicos gratis mientras te dicen buenos días con una sonrisa forzada. Pero pensémoslo bien, ¿de quién son esos periódicos? ¿Cómo sabemos que lo que dicen es cierto? ¿A qué intereses responden? ¿Por qué tienen la credibilidad que negamos a los periódicos comprometidos política y socialmente? Simplemente por ser gratis. ¡Qué triste!

☐ Para empezar, la primera impresión que podemos tener es que estamos ante el gran éxito de la difusión universal del conocimiento. Este es el argumento precisamente de estos periódicos. Pero no estamos ante una democratización del conocimiento, sino ante su perversión. ¿Por qué?

☐ Además, estos periódicos son los que reciben más dinero por publicidad, ya que llegan a más gente por ser gratuitos. Cuando hayan asfixiado económicamente a los grandes periódicos tradicionales y tengan que cerrar, ya no quedará nadie que vele por la libertad de expresión, solo quedarán periódicos gratis.

☐ En primer lugar, pensemos en la brevedad de las noticias de los diarios gratuitos. Según afirman, con veinte minutos (lo que dura un trayecto en metro) uno puede estar totalmente informado. La gente se lo cree y no se preocupa de buscar más información, de traspasar las cuatro líneas de la noticia y, creyéndose suficientemente informada, no indaga ni cuestiona nada más.

Adaptado de Ferran Estebaranz en http://www.laspecula.com/oldwebsite/cultura_publ/en_contra_de_la_prensa_gratuita.htm

3.12.2. Escribe a favor de este tipo de prensa gratuita argumentando las opiniones.

4.1. ¿Qué sabes de estos personajes famosos? Relaciona la información.

A. Isabel Allende

1. Es una escritora chilena de fama internacional.

B. Santiago Calatrava

C. Felipe González

D. Maribel Verdú

1. Es una escritora chilena de fama internacional.

2. Ha estado nominada al Goya en siete ocasiones, ganando el premio a la Mejor interpretación femenina protagonista por *Siete mesas de billar francés*.

3. Arquitecto y escultor valenciano.

4. Político español nacido en Sevilla.

5. Es la única actriz española que ha ganado el premio Ariel a la mejor actriz en México por *El laberinto del fauno*.

6. Fue Premio Nacional de Literatura en 2010.

7. Actriz madrileña de cine, teatro y televisión.

8. Ha sido Secretario General del Partido Socialista Obrero Español (PSOE).

9. Ha recibido numerosos premios y reconocimientos por su trabajo entre los que destaca el Premio Príncipe de Asturias de las Artes.

10. Se la considera la escritora en lengua española más leída del mundo.

11. Fue presidente del gobierno español desde 1982 hasta 1996.

12. Algunas de sus obras son: El edificio BCE (Toronto, Canadá), Puente de la mujer (Buenos Aires, Argentina), Ciudad de las Artes y de las Ciencias (Valencia), entre otras.

4.1.1. Escucha estas conversaciones e identifica al personaje del ejercicio de 4.1. del que hablan.

[20]

	Nombre	Información nueva
1.		
2.		
3.		

4.1.2. Vuelve a escuchar y escribe la información nueva que tienes sobre esas personas en el cuadro anterior.

4.2. Di si las siguientes afirmaciones sobre Federico García Lorca y su obra son verdaderas o falsas.

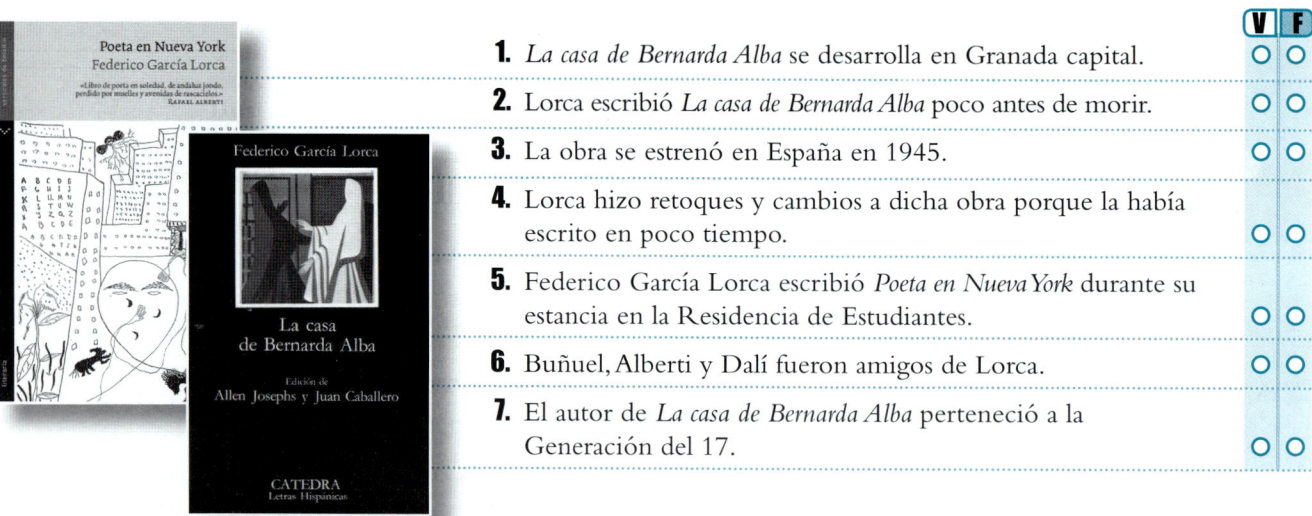

		V	F
1.	*La casa de Bernarda Alba* se desarrolla en Granada capital.	○	○
2.	Lorca escribió *La casa de Bernarda Alba* poco antes de morir.	○	○
3.	La obra se estrenó en España en 1945.	○	○
4.	Lorca hizo retoques y cambios a dicha obra porque la había escrito en poco tiempo.	○	○
5.	Federico García Lorca escribió *Poeta en Nueva York* durante su estancia en la Residencia de Estudiantes.	○	○
6.	Buñuel, Alberti y Dalí fueron amigos de Lorca.	○	○
7.	El autor de *La casa de Bernarda Alba* perteneció a la Generación del 17.	○	○

4.3. Busca en la sopa de letras diez palabras que aparecen en la unidad. Te damos algunas pistas para ayudarte.

1. Tres temas recurrentes en la obra de Lorca.

2. Uno de los cafés más famosos de Madrid.

3. Nombre de una las protagonistas de la obra que significa "de naturaleza noble".

4. Dos ciudades donde vivió Lorca.

5. Antigua tradición española que consiste en vestir de negro por la muerte de un familiar cercano.

6. Conjunto de ropa y muebles que lleva la mujer al matrimonio cuando se casa.

7. Nombre del único personaje masculino de *La casa de Bernarda Alba*.

```
Q N N R I S C D E M I T E F O T U Y
D M U E R T E N O Q T I A D E L A E
E U I E E Q O T F U A D C L U R B M
B T T D V U B H F I M O F O M T U A
S S C I T A E A I V N T R R Q O S D
I T O T I M Y R C I I R E E U R D R
M V M A B S T O I D T A M O R E A I
I E E T U E E S R E A G P P O V M D
L R R U S D M A S K T E O E P E K S
I S C R Q U E U C A U D R D T N A N
T P I C U T A T I T R I P Q I D J I
A E A O I A D E M L B A O U B E U M
U D L U T O N T U A U T R I E L A U
T I O N C E L A S N D Q P D A I R S
U P E P E E L R O M A N O O T U T E
I E S S N I V P U H S E S L A N A P
```

Completa la siguiente información sobre la Generación del 27.

1. 1892 y1902 son ....
....

2. La Residencia de Estudiantes es ....
....

3. El Acto de Conmemoración por la muerte de Góngora es ....
....

4. La búsqueda de una lengua especial es ....
....

5. Rafael Alberti, Dámaso Alonso, Vicente Aleixandre y Jorge Guillén son ....
....

4.5. **Completa las frases con el verbo que te damos entre paréntesis.**

1. Necesitamos personas que ahora .... *(tener)* entre 37 y 43 años para participar en un debate televisivo.

2. Las personas que .... *(nacer)* en torno a 1970 reciben el nombre de generación X.

3. Se les llama así porque son personas que .... *(vivir)* después del franquismo y que no .... *(estar)* muy interesadas en política.

4. Buscamos personas que .... *(nacer)* en torno a los setenta y que .... *(tener)* ideales políticos y además .... *(luchar)* por conseguir un mundo mejor.

5. No conocemos a nadie de esa generación que no .... *(acordarse)* de los payasos de la tele o de *Heidi*, una serie de dibujos animados que fue muy famosa.

6. Los niños y niñas de la generación del setenta ahora son hombres y mujeres que .... *(nacer)* al final de la dictadura de Franco y .... *(crecer)* durante la transición.

7. Necesitamos una persona que .... *(interesarse)* por la política y que .... *(saber)* bien la historia de la transición española.

8. Todas aquellas personas que .... *(reunir)* estos requisitos participarán en un debate en la televisión y tendrán que defender la idea de que no todos los nacidos en torno a los setenta son generación X.

4.6. **Completa el texto con los verbos del recuadro en el modo adecuado.**

> ser (2) ■ interpretar ■ tocar (2) ■ saber ■ querer
> presentar ■ trabajar ■ tener (3) ■ cantar (2) ■ poseer

El café Comercial busca un actor que .... **(1)** recitar textos de Federico García Lorca.

Tenemos un actor que .... **(2)** andaluz, rubio y simpático, que .... **(3)** la guitarra, pero que no .... **(4)** muy bien.

Buscamos un hombre que .... **(5)** andaluz, moreno y de mediana estatura. Que .... **(6)** la guitarra y el piano y que .... **(7)** muy bien. Si es posible también que .... **(8)** don de gentes, es decir, que .... **(9)** facilidad para las relaciones sociales y, sobre todo, que .... **(10)** una buena voz para la recitación.

La persona que .... **(11)** con nosotros ahora .... **(12)** un tono de voz demasiado agudo.

Condiciones del trabajo:

El candidato que .... **(13)** el papel de Lorca trabajará de 9 a 11 de la noche y ganará el sueldo que él .... **(14)** a cambio de reunir todos los requisitos anteriores.

Las personas que .... **(15)** su candidatura recibirán un ejemplar de *La casa de Bernarda Alba*.

4.7. **En la obra *La casa de Bernarda Alba* se trata de diferentes temas. Marca los cinco temas de los que crees que se habla.**

1. Sociedad opresiva. ⭘

2. Esterilidad. ⭘

3. Clases sociales. ⭘

4. La tradición. ⭘

5. La vida y la muerte. ⭘

6. Autoritarismo. ⭘

7. Deseo de libertad. ⭘

4.7.I. **Lee los textos siguientes y relaciónalos con los temas anteriores.**

a. El pueblo en el que transcurre la acción es pequeño y se conocen todas las personas. Cada vecino sabe qué lugar le corresponde, por esta razón Poncia y Bernarda no pueden ser realmente amigas a pesar de haber crecido juntas porque Poncia es la criada de la protagonista.

b. El cotilleo forma parte de la vida del pueblo, todo el mundo murmura. Las hijas de Bernarda son criticadas por su actitud, pero realmente es una sociedad muy hipócrita puesto que critican cosas que les gustaría hacer.

c. Para Bernarda hay temas que no se pueden discutir: el luto que obliga a mantener a sus hijas, el matrimonio concertado entre su hija mayor y Pepe el Romano y la moral conservadora.

d. Bernarda es un personaje déspota que actúa sin sentimientos. Uno de los símbolos que usa Lorca para reflejar el poder sería el bastón que lleva siempre.

e. Todas las hijas de Bernarda sienten enormes ganas de salir de casa pero no hacen nada para cambiar su situación, se resignan, excepto Adela.

4.8. Los siguientes adjetivos describen el carácter de las hijas de Bernarda Alba. Relaciónalos con sus significados correspondientes.

1. sumiso/a ....•
a. Persona que tiende a conformarse con lo que tiene.

2. obediente ....•
b. Persona que tiene mucha energía.

3. depresivo/a ......•
c. Persona que tiene afecto y pasión por algo.

4. pesimista ....•
d. Persona obediente, subordinada a las peticiones y deseos de otras.

5. envidioso/a .....•
e. Persona poco abierta.

6. resignado/a ......•
f. Persona que desea algo que no tiene y además siente tristeza por no tenerlo.

7. tímido/a ....•
g. Persona que tiene cierta tendencia a estar triste.

8. apasionado/a ...•
h. Persona que cumple la voluntad de otras.

9. vitalista ....•
i. Persona que tiende a juzgar las cosas por el lado más desfavorable.

4.9. Lee el siguiente texto de *La Colmena* y complétalo con las palabras que se definen a continuación.

1. Juicio que se forma sobre una obra destinada al público después de haberla examinado para eliminar alguna de sus partes. ....

2. Cada una de las divisiones de un libro (plural). ....

3. Tema de una película o libro (plural). ....

4. Etapa inmediatamente posterior a la guerra. ....

5. Persona ficticia, inventada por un escritor, que interviene en la acción de una obra literaria (plural). ....

La colmena es una novela de Camilo José Cela que se publicó en Buenos Aires en 1951. En España no se publicó hasta doce años después debido a la .... **(1)** ya que hacía alusiones al sexo, y al ambiente homosexual.

La obra está formada por seis .... **(2)** en cada uno de los cuales se desarrollan diferentes .... **(3)** que se van mezclando a lo largo del libro.

La obra transcurre durante la .... **(4)** en Madrid, concretamente en 1942, y refleja la vida de esa época.

En *La colmena* aparecen trescientos .... **(5)** que representan todas las clases sociales de la época, aunque realmente predomina la clase media baja.

4.10. Completa las oraciones con la opción adecuada.

a. a la que te invitaré

c. en la que nos encontramos con tu hermano

b. del que vimos la exposición la semana pasada

d. del que te hablé ayer

1. El libro .... es de Camilo José Cela.
2. La obra de teatro .... es una adaptación de un libro.
3. El pintor .... ha ganado un premio.
4. La galería .... se llama Arte.

Completa las siguientes frases con la preposición y el artículo correspondientes.

1. *La colmena* es un libro .... que aparecen trescientos personajes.

2. La razón .... que Adela se suicidó fue porque pensaba que su amado había muerto.

3. La hija de Bernarda Alba .... que ama Pepe el Romano es Adela.

4. La Residencia de Estudiantes era un lugar .... que se reunían pintores, escritores, etc.

5. La razón .... que las hijas sienten miedo de Bernarda Alba es por su autoritarismo.

4.12. **Completa las siguientes frases con la preposición y el artículo correspondientes.**

1. *La colmena* se censuró **por** un motivo. El motivo fue que había alusiones al sexo y al ambiente homosexual.
*El motivo **por el que** se censuró La colmena fue que había alusiones al sexo y al ambiente homosexual.*
....

2. *La colmena* transcurre **en** la época de la posguerra. En esa época había diferentes clases sociales.
En la época ....
....

3. Cela pensó **en** un título diferente para *La colmena*. El primer título era *Caminos inciertos*.
El primer título ....
....

4. *La colmena* consta **de** seis capítulos. Cada capítulo desarrolla episodios que están mezclados.
Los seis capítulos ....
....

4.13. **Marca el nombre de la persona a la que corresponde la información.**

	Buñuel	Lorca	Dalí
1. Gala fue su musa y esposa.	O	O	O
2. Se licenció en Derecho pero nunca ejerció la abogacía.	O	O	O
3. Fue contratado por la Metro Goldwyn Mayer como "observador" para que se familiarizara con el sistema de producción estadounidense.	O	O	O
4. Dirigió la compañía de teatro La barraca.	O	O	O
5. Nació en Figueras (Gerona) en 1904.	O	O	O
6. Nació en Calanda (Teruel) en 1900.	O	O	O
7. Fue el inventor del logotipo de Chupa Chups.	O	O	O
8. Nació en Fuente Vaqueros (Granada) en 1898.	O	O	O
9. Hizo algunos papeles pequeños en diversas películas francesas y españolas.	O	O	O
10. Colaboró con Buñuel en el guion del cortometraje *Un perro andaluz*.	O	O	O
11. La gran mayoría de su obra fue realizada en México y Francia.	O	O	O
12. Fue asesinado en 1936 por sus ideas políticas.	O	O	O

Sin complejos

5.1. Escribe las partes del cuerpo donde correspondan.

> mano ■ rodilla ■ vientre ■ codo ■ cintura ■ tobillo ■ muslo ■ ojo ■ cuello ■ nariz
> cadera ■ pie ■ brazo ■ cabeza ■ pierna ■ ceja ■ espalda ■ hombro ■ cara ■ labios

1. ....
2. ....
3. ....
4. ....
5. ....
6. ....
7. ....
8. ....
9. ....
10. ....
11. ....
12. ....
13. ....
14. ....
15. ....
16. ....
17. ....
18. ....
19. ....
20. ....

5.2. Lee estas definiciones y escribe la parte del cuerpo a la que se refieren.

1. Es la articulación que une el muslo con la pierna. ....
2. Parte del cuerpo que une la cabeza con el tronco. ....
3. Parte exterior de la boca de color rosado. ....
4. Son duros, blancos y están dentro de la boca. ....
5. Parte del cuerpo con la que olemos, está en la cara. ....
6. Unidas al brazo, con ellas cogemos y tocamos cosas. ....

7. Parte más estrecha del cuerpo, está encima de las caderas. ....

8. Hay dos, están en la cara y sirven para ver. ....

9. Con ellos andamos. ....

10. Están encima de los ojos cubiertas de pelo. ....

11. Parte posterior del cuerpo, desde los hombros hasta la cintura. ....

12. Parte del cuerpo que va desde la cadera hasta las rodillas. ....

5.3. Escribe el nombre de estos productos.

1. .... **3.** .... **5.** ....

2. .... **4.** .... **6.** ....

5.3.1. Completa estos eslóganes publicitarios usando imperativo afirmativo o negativo en segunda persona del singular.

a. ¿Quieres un pelo suave y sedoso? .... *(ponerse)* Hierbas Esenciales y lo conseguirás.

b. ¿Harta de tener mala cara? No .... *(dudarlo)*, ... *(comprar)* Maquillesil, tu espejo te lo agradecerá.

c. ¿Notas las primeras arrugas? .... *(echarse)* en el rostro Caviarín cada noche y verás los resultados en dos semanas.

d. .... *(colorear)* tus labios, ... *(colorear)* tu vida.

e. .... *(proteger)* tu cuerpo de las agresiones diarias, ... *(usar)* Natural Aloe después de la ducha o baño y lo mantendrás suave y fresco.

f. .... *(limpiar)* tu piel sin resecarla, ... *(hacer)* de tu ducha diaria un placer.

5.3.2. Relaciona los productos de la actividad 5.3.1. con el eslogan correspondiente de la actividad anterior.

1. .... **2.** .... **3.** .... **4.** .... **5.** .... **6.** ....

Di si las siguientes afirmaciones son verdaderas o falsas.

	V	F
1. *El baile de la Victoria* ganó el premio Planeta en el año 2003.	○	○
2. La película *El baile de la Victoria* obtuvo nueve candidaturas al Oscar en 2010.	○	○
3. El libro fue escrito por Antonio Skármeta.	○	○
4. Los actores de la película son todos chilenos.	○	○
5. El libro y la película están ambientados en la época de la dictadura del general Augusto Pinochet.	○	○
6. La película fue dirigida por el director español Fernando Trueba.	○	○
7. La película obtuvo varios premios Goya.	○	○
8. Antonio Skármeta es chileno.	○	○

5.5. **Ordena cronológicamente los siguientes acontecimientos políticos en Chile.**

1. Transición a la democracia bajo la presidencia de Patricio Aylwin.

2. Golpe de estado del general Augusto Pinochet.

3. Triunfo electoral de Salvador Allende como candidato a la presidencia del país.

5.6. **Completa los espacios en blanco con los verbos del recuadro en la forma adecuada del pasado.**

planear ■ comer ■ tener (2) ■ conocer ■ hablar ■ contestar ■ salir ■ sentarse ■ estar
ver ■ mirar ■ parar ■ levantarse ■ chuparse ■ comprar ■ ser ■ deber ■ empezar

Cuando .... **(1)** a Victoria, Ángel .... **(2)** de la cárcel y .... **(3)** un poco perdido. .... **(4)** dar un golpe magnífico y escaparse con el dinero a Argentina, pero para eso .... **(5)** encontrar al "Maestro".
La .... **(6)** por primera vez a la puerta de un cine, ella .... **(7)** una muchacha muy bella y muy callada y él .... **(8)** sin parar. Victoria .... **(9)** hambre así que .... **(10)** un bocadillo con el poco dinero que Ángel .... **(11)** y .... **(12)** en un banco. Ella se lo .... **(13)** rápidamente y .... **(14)** los dedos de lo rico que estaba, él la .... **(15)** entusiasmado y no .... **(16)** de reírse y de hacerle preguntas. Ella no .... **(17)**. De pronto .... **(18)** y .... **(19)** a bailar para él.

Clasifica las palabras en su apartado correspondiente.

a. lejos	**c.** musulmán/musulmana	**e.** bueno/a	**g.** italiano/a	**i.** aburrido/a
b. orgulloso/a	**d.** interesado/a	**f.** encima	**h.** roto/a	**j.** de metal

1. *ser:* ...., ..., ...   **2.** *estar:* ...., ..., ...   **3.** *ser y estar:* ...., ..., ..., ...

5.7.1. **Escribe una frase con cada una de las palabras del cuadro de la actividad anterior.**

1. ....

2. ....

3. ....

4. ....

5. ....

6. ....

7. ....

8. ....

9. ....

10. ....

5.8. **Relaciona las dos columnas.**

1. Cuando compré el reloj pensaba que me iba a durar muchísimo, ... •

2. Realmente creo que J. C. **(A)** _____ una mala persona .... •

3. Es increíble que a esa edad haga lo que hace .... •

4. **(B)** _____ interesado en hacer el curso .... •

5. No creas que **(C)** _____ un interesado .... •

6. No me encuentro bien, **(D)** _____ malo .... •

7. Por favor, no invites a Juan a tu cumpleaños, ... •

8. No te preocupes, puedes llamarme a partir de las doce .... •

9. **(E)** _____ aburrida de llevar siempre la misma ropa .... •

a. creo que **(F)** _____ el niño más despierto que conozco.

b. por pedirte lo que te voy a pedir.

c. pero a los tres días se me ha roto, **(G)** _____ malísimo.

d. así que voy a cambiar por completo mi forma de vestir.

e. y quería saber qué necesito presentar.

f. porque hace unos comentarios muy crueles.

g. porque a esas horas **(H)** _____ despierto.

h. **(I)** _____ un aburrido.

i. y hoy no voy a poder ir a trabajar.

5.8.1. **Completa la actividad anterior con el verbo *ser* o *estar* según corresponda.**

destino ■ valor, precio ■ causa ■ comparación ■ medio ■ lugar aproximado
opinión ■ finalidad ■ fecha límite ■ intercambio, sustitución ■ tiempo habitual

Por

1. Por tu culpa no hemos podido coger el tren y ahora tenemos que esperar dos horas. ....

2. El barrio de Tres Olivos está por el norte de Madrid. ....

3. Mañana tienes que ir a la reunión por mí, yo tengo muchísimo trabajo. ....

4. En Madrid puedes tomar un buen menú por poco dinero. ....

5. Por las tardes no suelen abrir los bancos, es mejor que vayas por la mañana. ....

6. Lo mejor es que nos comuniquemos por correo electrónico. ....

Para

1. Pues para lo que come tu hermano no está muy gordo, ¿no crees? ....

2. Para mí, las mejores playas de España son las de Cádiz. ....

3. Hemos venido aquí para ver una obra de teatro, no para escuchar un mitin político. ....

4. La tesis tiene que estar terminada para el viernes. ....

5. Este tren va para Cercedilla, no para Guadalajara. ....

5.10. Relaciona los usos de subjuntivo con el ejemplo adecuado.

1. Expresar deseos:	**a.** No creo que salga esta noche, estoy muy cansada.
	b. Espero que no llueva, no tengo paraguas.
	c. Es posible que cambie de trabajo, me han hecho una oferta muy buena.
2. Expresar sentimientos:	**d.** Estoy buscando un coche que no contamine mucho.
	e. Me enfada que la gente no respete las opiniones de los demás.
3. Opinar sobre un hecho, valorar un acontecimiento:	**f.** Ojalá vengas pronto a visitarme.
	g. Te aconsejo que no tomes tanto café, te pones muy nervioso.
	h. Me extraña que Marta no haya llamado todavía.
4. Expresar probabilidad:	**i.** En cuanto termine este proyecto cogeré unos días de descanso.
	j. No es normal que el gobierno haga esas reformas tan injustas.
	k. A mi marido le pone de buen humor que le lleve el desayuno a la cama los domingos.
5. Planes y proyectos en futuro:	**l.** Espero que llegue pronto el invierno, ¡qué calor ha hecho este año!
	m. Mi vida cambiará totalmente cuando nazca mi hijo.
6. Dar consejos y recomendaciones:	**n.** Quizás vaya de vacaciones a Letonia.
	ñ. ¿Qué harás cuando te jubiles?
	o. Te aconsejo que hagas deporte, estás muy tensa.
7. Oraciones relativas con antecedente desconocido:	**p.** Necesito una crema antiarrugas que sea eficaz y no muy cara, ¿me recomiendas alguna?
	q. Es increíble que me digas eso.

Elije la opción correcta en cada caso.

1. Ojalá mañana .... tiempo para vernos.
- ○ **a.** tengamos
- ○ **b.** tener
- ○ **c.** tenemos

2. Creo que Alicia .... el próximo miércoles a Madrid.
- ○ **a.** llegue
- ○ **b.** llega
- ○ **c.** llegó

3. Me encanta .... por las mañanas y saber que no tengo que trabajar.
- ○ **a.** levantarme
- ○ **b.** me levanto
- ○ **c.** me levante

4. Te recomiendo que .... este libro, es buenísimo.
- ○ **a.** lees
- ○ **b.** leer
- ○ **c.** leas

5. Cuando .... en la universidad, vivía en un piso de estudiantes.
- ○ **a.** estudie
- ○ **b.** estudiaba
- ○ **c.** estudiaré

6. A lo mejor esta noticia .... falsa.
- ○ **a.** es
- ○ **b.** sea
- ○ **c.** ser

7. No conozco a ningún escritor que .... tanta sensibilidad en la poesía como Lorca.
- ○ **a.** expresa
- ○ **b.** exprese
- ○ **c.** expresaba

8. En cuanto .... tiempo libre, iremos de viaje.
- ○ **a.** tendremos
- ○ **b.** tengamos
- ○ **c.** tenemos

9. Me pone de buen humor .... bien las cosas.
- ○ **a.** hacer
- ○ **b.** hago
- ○ **c.** haga

10. Te aconsejo que .... Granada, es una ciudad preciosa.
- ○ **a.** visites
- ○ **b.** visitarás
- ○ **c.** visitas

11. ¿Sabes dónde está el libro que .... leyendo? No lo encuentro.
- ○ **a.** esté
- ○ **b.** estoy
- ○ **c.** estaré

12. Es posible que J. S. .... una exclusiva para ganar dinero.
- ○ **a.** venderá
- ○ **b.** ha vendido
- ○ **c.** haya vendido

5.12. **Lee estas descripciones de distintos complejos muy comunes y relaciónalas con su denominación.**

> **Complejo de Peter Pan** ■ **Complejo de Electra** ■ **Complejo de patito feo**
> **Complejo de Edipo** ■ **Complejo de Blancanieves**

1. ....: se produce cuando el hombre compara a todas las mujeres con su madre. Busca una mujer que se parezca a su madre y la rechaza si no se parece o cuando deja de ver en ella esa semejanza.

2. ....: en este caso es la mujer la que no logra encontrar el hombre apropiado. Idolatra a su padre y no ve a ningún hombre a la altura de él.

3. ....: lo sufren aquellas personas que no desean crecer ni madurar. Son personas que no quieren enfrentarse a responsabilidades.

4. ....: desean ser el centro de atención y contar con la aprobación de los demás, pero en el fondo subyace un problema de autoestima, inseguridad y sensibilidad a las críticas.

5. ....: es el complejo más común y se corresponde con los complejos físicos. Lo sufren personas que no están contentas con su aspecto físico y que suelen compararse continuamente con otras personas, pensando que los demás son mejores que ellos.